Rochus von Liliencron / Karl Müllenhoff

Zur Runenlehre

Zwei Abhandlungen

SEVERUS Verlag

von Liliencron, Rochus/Müllenhoff, Karl: Zur Runenlehre.
Zwei Abhandlungen
Hamburg, SEVERUS Verlag 2010.
Nachdruck der Originalausgabe, Halle 1852.

ISBN: 978-3-942382-32-8
Druck: SEVERUS Verlag, Hamburg, 2010

Bibliografische Information der Deutschen Nationalbibliothek:
Die Deutsche Nationalbibliothek verzeichnet diese Publikation in der
Deutschen Nationalbibliografie; detaillierte bibliografische Daten sind
im Internet über http://dnb.d-nb.de abrufbar.

SE**V**ERUS
Verlag

Die nordischen Runen nach Johann G. Liljegren mit Ergänzungen bearbeitet von Carl Oberleitner. Wien 1848. 4to.

Das gothische Runenalphabet von Dr. A. Kirchhoff (Programm des Joachimsthalschen Gymnasiums). Berlin, Hertz 1851. 4to. 42 S.

Wenn man die auf dem Gebiet der Runenlehre gemachten Entdeckungen übersieht, so möchte man sich wundern, dass mehr als ein Jahrzehnt hingegangen ist, ohne dass zur weitern Aufklärung dieser Sache im Grossen und Ganzen etwas wesentliches geschehen wäre. Nur einzelne Puncte sind mit Glück beleuchtet worden. Die Fragen welche hier noch immer der Lösung harren sind für Sprache, Litteratur und Geschichte der germanisch-nordischen Stämme von vielfachem Interesse, und zugleich fesseln sie die Betrachtung, man möchte sagen wie ein Räthsel, indem sie oft hinter buntem Schleier ein interessantes Verständnis hervorschimmern lassen.

Lange Zeit hindurch kannte man eigentlich nur die nordischen Runen oder wenigstens verkannte man das Verhältnis der verschiedenen Runenalphabete zu einander völlig. Seit dem 16ten Jahrhundert hat man im Norden Inschriften gesammelt, ihre Lesung versucht und Systeme entworfen, zum Theil von den abenteuerlichsten Phantasien geblendet. So las noch Göranson in einer der Inschriften, welche in seinem Bautil (Stockholm 1750) gesammelt sind, Nachrichten von einem Mann der mit Noah in der Arche gewesen! Diese älteren Werke, namentlich das letztgenannte, sind noch immer wegen des Materials, welches sie liefern, brauchbar, und den gleichen Nutzen gewähren eine Menge schätzbarer Specialabhandlungen, welche man gröstentheils in den Zeitschriften der Copenhagener Alterthumsgesellschaft findet. Was sich hingegen über die Theorie und Geschichte der Runen in diesen Arbeiten findet, hat keinen Werth mehr. Die in dieser Beziehung brauchbaren Resultate sind in Brynjulfsens: Periculum Runologicum. Hafniae 1823. zusammengestellt; wer die betreffende Kunde sucht, darf sich mit dieser fleissigen Arbeit genügen lassen; aber eben nur für die Kenntnis desjenigen Runenalphabets, welches hauptsächlich in den schwedisch-norwegisch-dänischen Inschriften gebraucht ist. Die weitergehenden Untersuchungen, namentlich die Vergleichungen fremder Alphabete, sind heute nur noch von geringem Werth. Ergänzungen hiezu und recht interessante Nachrichten über den Inhalt eben jener Inschriften sind in Liljegrens Runalära zu finden, seine Ansichten dagegen über die Geschichte der Runenschrift und was damit zusammenhängt, gehen fast durchweg in die Irre.

Letzteres Werk hat Herr Oberleitner „für deutsche Forscher" bearbeitet (vergl. die Ueberschrift). „Forscher" können allerdings dies Werk ohne Schaden lesen, andere aber seien davor gewarnt; es sucht an Unkunde seines Gleichen. Zunächst kannte der Verfasser den Stand der Runenfrage so wenig, dass er in dem ersten Theil seiner Arbeit ziemlich Alles aus seinem Autor zusammenstellt, was für den Kundigen ohne Interesse ist, und den Unkundigen irreleitet. Zweifeln kann man ferner ob er schlechter schwedisch versteht, oder deutsch schreibt; die Uebersetzung ist zum Theil geradezu sinnlos. Man verstehe Sätze wie diesen: „der erste Ursprung der Runen ist gewiss einer gleichen Prüfung werth, als eine schwere und von Vielen auf verschiedene Weise beantwortete Frage. Eine kurze Uebersicht der Anweisungen von dem Vorhergehenden scheint die älteste Beschaffenheit der Runen geben zu können" (S. 41). Mehrfach führt er Werke anderer Runenforscher an (wobei er u. a. Finn Magnusen als Gelehrten der älteren Zeit neben Wormius aufführt), ohne jedoch, wie es scheint, von ihren Resultaten selbst irgend etwas gemerkt zu haben. So z. B. citiert er häufig Grimms Arbeiten, hat sie aber dermaassen gedankenlos gelesen, dass er u. a. (S. 8) seinem unschuldigen Autor ganz unbefangen nachschreibt: die angelsächsischen Runen seien eine „wie das lat. a. b. c. geordnete Runrade." Man kann sich aber hierüber kaum wundern, da er nicht einmal seine eignen Ansichten länger zu kennen pflegt, als er an ihnen schreibt. So wird ihm (Vorwort S. 1) oben auf der Seite die Vermuthung rege, die Runen seien nur eine „Nachäffung" der römisch-griechischen Schrift; unten auf der Seite nimmt er dagegen an, sie seien schon mit der Einwanderung Odins und der Asen in Gebrauch gekommen, Worte welche er bei Grimm gelesen hat, ohne sie zu verstehen.

Scherzes halber stehe hier noch eine von Herrn O.'s eigenen Anmerkungen, in welcher Unkunde und Druckfehler in einen wahrhaft erbitterten Wettstreit gerathen zu sein scheinen. — S. 32. No. 4. heisst es wörtlich: „Von Hrabanus Maur wird Jon Olafsen angeführt (!) welcher den Isländern viele die Runen betreffende Erfindungen zuschreibt, und ihnen auch die Namen der Runenzeichen zueignet, und glaubt, sie wären älter als 1200 Jahre, was wohl auch bei der Frage in Betreff ihres Gebrauches in Island richtig sein dürfte." Diese Proben werden für das Urtheil hinreichen.

Den wesentlichsten Fortschritt machte die Runenkunde durch Wilh. Grimms ausgezeichnete Untersuchungen („Ueber deutsche Runen. Göttingen, 1821" und „Zur Litteratur der Runen" in den Wiener Jahrbüchern, Band 43). Von ihm wurden zuerst die angelsächsischen Runen sammt den sog. „Marcomannischen" genauer betrachtet, und zugleich die allgemeinen historischen Fragen in das richtige Licht gerückt.

Die weiteren grösseren Arbeiten knüpften sich sodann an zwei berühmt gewordene Monumente. Die wichtigste der nur wenigen runischen Steininschriften, welche in Grossbritanien gefunden sind, befindet sich auf einem Obelisken in dem schottischen Marktflecken Ruthwell; neben lateinischen Inschriften zeigt derselbe eine mit angelsächsischen Runen geschriebene. An den Versuch einer Entzifferung dieser Inschrift knüpfte der gelehrte Finn Magnusen eine ausführliche Untersuchung über die angelsächs. Runen überhaupt („Om Obelisken i Ruthwell", Annaler for Nord. Oldkyndighed 1836 — 37). So missglückt auch die Lesung der Inschrift selbst ist, so lehrreich bleibt gleichwohl die Abhandlung noch immer, wegen des darin gesammelten Stoffes. Ihren Irrthümern trat 1840 Kemble in einer vortrefflichen kleinen Arbeit entgegen („On Anglo-Saxon Runes", enthalten im 28sten Bande der Londoner Archaeologia). Finn Magnusens Gelehrsamkeit und Eifer lässt er alle Gerechtigkeit widerfahren; von seiner Interpretation des Ruthwell-Monumentes jedoch sagt er: he — „winds up 105 stupendous pages by composing a chapter of Anglo-Saxon history, such as I will take upon myself to say was never ventured before by the wildest dreamer even in Denmark." — He — „completes his large plan by inventing a new language, in which he says the inscription is written, and a people, by whom he says the language was spoken." Nach Kembles Lesung, deren Richtigkeit sich durch innere Gründe genugsam verbürgt, ist die Inschrift in gutem Angelsächsisch, und zwar im Northumberländischen Dialect abgefasst; sie gehört dem 8ten oder 9ten Jahrh. an, und enthält einige fragmentarische Strophen stabreimender christlicher Poesie. Zur vollständigen Beleuchtung dieses seines Hauptgegenstandes hat Kemble die wichtigsten angelsächs. Runenmonumente zusammengestellt; darunter 2 bisher nicht bekannte Alphabete (Pl. XV fig. 2 und Pl. XVI fig. 10). [1]

Finn Magnusen erhielt die Kemblesche Arbeit, deren Resultaten er mit liebenswürdiger Bereitwilligkeit beipflichtet, als er eben ein neues umfangreiches Runenwerk drucken liess (Det kgl. Danske Videnskabernes Selskabs hist. og philos. Afhandlinger. Th. 6. 1841). Dasselbe betrifft zunächst die angebliche grosse Runeninschrift in Blekingen, welche unter dem Namen Runamo bekannt und berühmt ist. Diesmal hat ein Däne die Critik des alten Isländers übernommen, der bekannte Archäolog Worsaae. In der Abhandlung „Runamo og Braavalleslaget" Kjöbenhavn 1844 weist er, wohl völlig überzeugend nach, dass die Linien des Runamo nichts anderes sind als natürliche Ritzen des Felsens. Hierdurch wird jede eingehende Critik von Finn Magnusens Interpretation überflüssig; man muss aber Herrn Worsaae bei-

---

1) Seiner gütigen Mittheilung zufolge, hat Herr Kemble seitdem manches Neue an angelsächsischen Inschriften gefunden; es wäre recht sehr zu wünschen, dass er uns durch baldige Veröffentlichung desselben erfreute.

stimmen, wenn er sagt: die Phantasien welche in der Alterthumskunde lange regierten, hätten in dieser Ausdeutung der Ritzen des Runamo ihre gröste Höhe erreicht. Auf solche Art kann man in der That aus allen Zeichen Alles herauslesen. Nichts destoweniger ist aber auch diese, mit gewohnter Gelehrsamkeit geschriebene Abhandlung Finn Magnusens wegen ihres reichhaltigen Materials im höchsten Grade schätzbar.

Neben diesen zweien wird ein drittes Monument für die Runenlehre mehr und mehr wichtig, die Inschrift des „goldenen Horns." Bei Gallehuus in der Grafschaft Schackenburg, einem dänischen Enclave des Herzogthums Schleswig wurden in den Jahren 1639 und 1734 zwei offenbar zusammengehörende grosse goldene Horne gefunden, das zuletzt entdeckte mit einer Runeninschrift versehen. Die Horne selbst sind leider aus der Kunstkammer in Copenhagen gestohlen und eingeschmolzen worden; glücklicher Weise aber haben wir wenigstens Abbildungen zurück. Eine Menge von älteren Versuchen, die Inschrift zu lesen, sind gänzlich mislungen. Erst Bredsdorff lieferte 1839 in den „Mémoires de la société royale des antiquaires du nord" eine im wesentlichen richtige Lesung. Doch blieben auch hier noch Unrichtigkeiten in Beurtheilung sowohl der Zeichen als der Sprache, in welcher die Inschrift abgefasst ist. Mit Glück ward die Berichtigung begonnen von Prof. Munch in Christiania in einem Aufsatz, welcher, begleitet von einigen Bemerkungen J. Grimms in den Berichten der Berliner Academie von 1848, abgedruckt ist. Fernere Aufklärungen gab Müllenhoff im „Vierzehnten Bericht der Schleswig-Holstein-Lauenburgischen Gesellschaft für die Sammlung und Erhaltung vaterländischer Alterthümer" (1849), zu welchen er gegenwärtig noch folgende Bemerkungen hinzufügt.

„Das Alter der Inschrift des goldenen Horns lässt sich noch genauer bestimmen als früher geschehen. — Ich setze voraus, dass sie in der alten Sprache des Landes wo sie gefunden, abgefasst ist. Damals stand diese noch auf einer Stufe mit der gothischen; der eigenthümlich angelsächsische Typus aber muss sich im Verlauf des dritten, vierten und fünften Jahrhunderts, während der Zeit der sächsischen Seezüge die von unsern Nordseeküsten ausgiengen, allmählich ausgebildet, und in allem wesentlichen schon vor der Eroberung Englands, die mit dem 6. Jahrhundert vollendet war, festgestellt haben, weil das friesische d. i. die Sprache des zurückgebliebenen Rests der ingaevonischen Seevölker, gleichsam nur ein Nebendialect des angelsächsischen ist, ein Dialect, dessen anfängliche Ausbildung dieselbe ist mit der des angelsächsischen. Daraus folgt, dass die Inschrift die dem gothischen noch so nahe steht, dass Munch sie für gothisch erklärte, spätestens dem 4ten Jahrh. angehören kann. Dasselbe Resultat, dass sie nicht eben jünger ist als die Ulfilanische Bibelübersetzung würde sich ergeben, wenn man annähme, wozu indes durchaus kein Grund vorhanden ist, dass das Horn aus der Fremde von· irgend einem entferntern deutschen Stamme her eingeführt sei. Denn die Ausbildung und Scheidung der Dialecte oder germanischen Sprachen fällt nachweislich in dieselbe Zeit und Bewegung, aus der wir den Ursprung des angelsächsischen und friesischen herleiteten."

„Was dann die Auslegung der Inschrift betrifft, so glaube ich auch diese berichtigen zu können. Die Inschrift lautet:

EKHLEVAGASTIM : HOLTINGAM : HORNA : TAVIDO :
Schwierigkeit macht hier allein die erste Buchstabengruppe. Doch ist Grimms Abtheilung die einzig richtige: EK ist goth. ik, ego und das folgende HLEVAGASTIM ein componiertes Wort im Dativ plur., wie HOLTINGAM. Wer nemlich die ganze Gruppe für Ein Wort nimmt, muss solche dreifache Composita nachweisen können; theilt man aber mit Munch auch noch hinter HLEVA ab, so muss dies ein Name sein und es bleibt nachzuweisen, nicht nur, dass die Apposition eines Namens zum Pronomen der ersten Person sich überhaupt mit der alten Syntax verträgt, sondern auch noch, dass dies, sowie der ganze Satz der bei jener Abtheilung herauskommt, dem poetischen Stil gemäss ist, was unmöglich. Denn poetisch ist die Inschrift, wie nicht nur die durchgehende Alliteration, sondern auch die, wenn gleich ungenaue metrische Form beweist, ganz abgesehen von der Auslegung. Geht man aber bei dieser von der Wahrnehmung der poetischen Form aus, so wird sich auch unter Berücksichtigung aller in Betracht kommenden Umstände eine Erklärung finden lassen, die, soviel ich sehe, keinen Zweifel mehr übrig lässt."

„Bis auf das Wort HLEVAGASTIM ist Alles leicht und deutlich: ego — silvicolis (oder silvigenis) cornua fabricavi. Denn falsch ist die Auslegung von TAVIDO (goth. tavida) durch donavi, dedi, weil taujan dies nie bedeutet, sondern vielmehr wie fabricare das eigentliche Wort ist für die Verarbeitung der Metalle, der Wolle, des Flachses und anderer Stoffe, wie schon früher bemerkt, vgl. noch Schmeller bair. Wb. 4, 209. 210. Da von mehr als einem Horn die Rede ist, so kann das Fehlen des Künstlernamens nicht sehr auffallen. Ist die Inschrift poetisch, so dürfen wir die Zeile gleichsam für den Pentameter eines Distichons halten, dessen Hexameter verloren ist, und diesen uns etwa so denken, dass in der ersten Vershälfte ausser dem Verbum der Ehrenname des Künstlers stand, etwa Veland oder Vundor mik ginamnjand, Daedalus mich nennen —, und darauf in der zweiten Vershälfte als Subject des Satzes eine Bezeichnung des Geschlechts, der Gemeinde oder Völkerschaft folgte, in deren Dienst der Künstler sein Werk ausführte. Nun ward das Horn mit der Inschrift nur 25 Schritt von der Stelle gefunden, wo ungefähr 100 Jahre früher ein ganz ähnliches ans Tageslicht gekommen war. Dass beide Horne zusammen gehören lehrt der Augenschein. Doch weil auf dem von 1639 der Raum für die Inschrift leer steht, die Arbeit auch bei aller Uebereinstimmung in den Darstellungen doch sehr verschieden und weniger roh ist als auf dem von 1734, das Horn selbst endlich um 30 Loth leichter als dieses, so habe ich vermuthet, dass darin das ältere Horn, worauf der Name des Künstlers stand, oder das doch zu gleicher Zeit mit dem 1734

gefundenen aus seiner Hand hervorgieng, bei irgend einem Anlass einmal um-
gearbeitet wurde. Beide Horne können, wie Peter Erasmus Müller bemerkte[1]),
weder Trinkhörner, weil sie an beiden Enden offen, noch auch Blashörner
gewesen sein, weil Gold so wenig als Blei einen Ton giebt; und ausserdem
scheinen sie ihrer Schwere wegen — das von 1639 wog 6 Pfd. 13 Lth., das
von 1734 7 Pfd. 11 Lth. — auch zum eigentlichen Gebrauch nicht geschaffen.
Es war vielmehr allgemeine Sitte des Alterthums Schätze edlen Metalls, statt
sie in Barren, Stangen und Klumpen, was gleichwohl auch vorkommt, hin-
zulegen, kunstreich zu verarbeiten, und sie in dieser Gestalt theils zu grösse-
rer Sicherheit, theils zur Zierde des Orts und zur Ehre der Götter an heiligen Stätten aufzubewahren, wo man sie dann an Festen hervorholen, und
zum Prunk, wie man wollte, aufstellen konnte[2]). Die tonderschen Goldhorne
waren nichts anders als ein solches zu einem Kunstwerk verarbeitetes Capi-
tal. Aber als Kunstwerk sollten sie ein paar Jagdhörner vorstellen. Wir finden
auf ihnen abgebildet bewaffnete Männer, Bogenschützen die auf eine Hirsch-
kuh anlegen, Hirsche, Wölfe, Eber und Bären von Hunden verfolgt, einen
dreihäuptigen Thurs (Riesen) und thierköpfige Unholde, Walddämone (goth.
skôhsl) und Menschenfresser (für nichts anders halte ich die angeblichen
Opferpriester), von denen man die dunkle Tiefe der Wälder bevölkert glaubte.
Fische und fischende Vögel, sowie halbthierische dickleibige Necker repräsen-
tieren dann noch das Element des Wassers. Ein paar Brettspielende endlich,
Rosse und Reiter führen in den Kreis des heldenmässigen Hoflebens. Da nun
die Eigenthümer der Horne Holtinge heissen (auch den Wolf nannten unsere
Hirten ehemals euphemistisch Hölzing, silvigena, die Angelsachsen aber holtes
gehlêða, den Genossen des Waldes), so beschreiben die bildlichen Darstellungen nur den Kreis den die Benennung andeutet. Wer in Holtingam einen
Geschlechtsnamen sieht, muss ihn doch im Zusammenhange nach der Weise
aller alten Namen ganz appellativisch verstehen, und so erkläre ich nun auch
das räthselhafte HLEVAGASTIM ganz einfach als ein poetisches Synony-
mum zu Holtingam, wie deren unzählige und überall in unserer alten Poesie
gebräuchlich waren. Das Wort hat grammatisch keine Schwierigkeit. Es
gleicht aber nur äusserlich dem ags. hleódryhten protector, hleómæg con-
sanguineus; denn hier hat hleó die abgeleitete Bedeutung asylum refugium
tutela. Da die eigentliche Bedeutung umbraculum ist (vgl. goth. hlija σκηνή)
und sowohl im ags. Cädmon 52, 7 die Formel holtes hleó, wie im alts. He-

---

1) Antiqvarisk Undersögelse over de ved Gallehuus fundne Guldhorn (Kjöbenhavn 1806.
4to) p. 63. ; deutsche Uebersetzung von Abrahamson, Göttingen bei Dietrich.

2) Crateres etiam aureos vel argenteos, in quibus augurari epulari et potare nobiles sole-
bant ac potentes, in diebus solemnitatum quasi de sanctuario proferendos ibi (in templo)
collocaverant. Cornua grandium taurorum agrestium deaurata et gemmis intexta, poti-
bus apta et cornua cantibus apta, mucrones et cultros multamque pretiosam supelle-
ctilem variam et visu pulchram in ornatum et honorem deorum ibi conservabant. Vita
S. Ottonis ap. Ludewig SS. p. 681.

liand 33, 22 waldes hlea vorkommt, da endlich auch das mhd. lie liewe unserm „Laube" gleichbedeutend ist, so können hleógäste Männer heissen, die gern und oft, um des edlen Weidwerks willen, den dunkeln Waldschatten aufsuchten. Ergänzen wir jetzt die fehlende Zeile etwa so:

Wunder mich die Männer nennen, die Weidgangfrohen,

so geben wir jetzt mit veränderter Alliteration die erhaltene Zeile so wieder:

Ich den Holzingen, den Waldesgästen, die Horne würkte."

Diese Abschweifung zu einer speciellen Frage möge durch das Interesse des Gegenstandes gerechtfertigt sein. Diejenigen Resultate der ganzen Untersuchung über das goldene Horn, welche für unseren allgemeinen Gesichtspunct von Wichtigkeit sind, lassen sich in folgenden Sätzen zusammenfassen. Erstlich: wir haben auf dem goldenen Horn eine Inschrift welche spätestens im 4ten Jahrhundert n. Chr. abgefasst ward; sie ist mithin die älteste, ja weit älteste aller uns bekannten. Die Steininschriften nemlich beginnen ohne Frage erst einige Jahrhunderte später; in allgemeinen Gebrauch kommen sie kaum vor dem 9ten Jahrhundert. Zweitens: die Sprache der Inschrift ist noch die gothische, oder doch nicht wesentlich von der gothischen verschieden, während alle anderen Runendenkmale entweder nordisch oder angels. sind. Drittens: die Zeichen der Inschrift sind nicht diejenigen Runen, welche man gewöhnlich unter dem Namen der nordischen als die älteren bezeichnet, songern sie gehören der erweiterten, sogenannten angelsächsischen Runenreihe an.

Diese Bemerkungen führten uns in oder wenigstens an das Gothische. Die Muthmassung liegt nahe, dass, was ein gothisch redender Stamm in unserm Norden besass, auch den zum Süden hin ausgewanderten Gothen nicht fremd war. Was allgemeine Betrachtungen hier der Ueberzeugung schon nahe genug rückten, das hat einen höchst interessanten Beweis erhalten durch eine Anzahl gothischer Runennamen, welche sich in einer Wiener Handschrift Cod. Salisb. 140 finden. W. Grimm hatte sie schon in den Wiener Jahrbüchern a. a. O. bekannt gemacht, und als gothische anerkannt. Die vielfachen Dunkelheiten aber und Widersprüche welche noch dabei blieben, hat nunmehr Dr. Kirchhoff in Berlin in der Eingangs angeführten, höchst scharfsinnigen und sorgfältigen Abhandlung zum grossen Theile gehoben. Er weist nach, dass diese Namen nach gewissen glücklich aufgefundenen Regeln restauriert, sich bis auf wenige in untadelhafte gothische Formen auflösen, und dass die so gefundenen Namen im wesentlichen denjenigen der angelsächsischen Runen entsprechen (d. h. der Runen welche wir auch auf dem goldenen Horn zur Bezeichnung gothischer Wörter fanden).

In dieser letzten Abhandlung, zusammengenommen mit den erwähnten zwei Arbeiten W. Grimms, und den aufgeführten an den Ruthwell-Obelisk, die Runamo-Klippe und das goldene Horn sich anschliessenden Werken, hat man das Material für Theorie und Geschichte der Runen beisammen.

Indem ich nun in den folgenden Zeilen meine in mehrern Puncten von den geltenden Annahmen abweichenden Ansichten über Bedeutung und Geschichte der Runen in kurzen Sätzen ausführe, will ich mich der Beschränkung, welche der Umfang dieser Blätter auferlegt, als eines Vortheils bedienen, indem ich mich der eingehenden Beweisführung sowie der Polemik überall entschlage. Wer ein Interesse daran hat die angedeuteten Spuren weiter zu verfolgen und die gemachten Schritte zu controllieren, wird den festen Ausgangspunct meiner Wahrnehmungen in den Bemerkungen über einen speciellen Punct leicht finden, welche ich zu diesem Zwecke dem Allgemeineren vorausgehen lasse, nemlich über:

Die Runenalphabete.

Ein wichtiges Hülfsmittel für die Runenkenntnis bilden die Runenalphabete, welche uns in Handschriften des 9ten, 10ten und 11ten Jahrhunderts erhalten sind. In Betreff des nordischen, d. h. schwedisch-norwegisch-dänischen Alphabetes ist für jetzt nichts zu bemerken; es steht für diejenige Zeit, aus welcher uns Inschriften geblieben sind, völlig fest: 16 Buchstaben in der Ordnung: F. U. Th. O. R. K. H. N. I. A. S. T. B. L. M. Y. (oder R finale). Dazu kommen wenigstens schon im Anfang des 11ten Jahrhunderts die punctierten Runen, d. h. Zeichen für G. E. D. und P., aus den Zeichen von K. I. T. und B. differenziert.

Für das angelsächsische Alphabet dagegen steht Zahl und Ordnung der Zeichen nicht ganz fest; hier muss noch genauer untersucht werden. Nun sind uns diese Runen z. Th. in der Ordnung des lateinischen Alphabets überliefert, z. Th. aber in der alten einheimischen Ordnung, welche der obigen nordischen Reihenfolge entspricht. Die auf diese alterthümliche Weise geordneten Reihen kann man füglich mit dem auch im Norden üblichen Namen Futhork (nach ihren 6 ersten Buchstaben) bezeichnen; woneben wir dann unter Runenalphabeten im Gegensatz zu jenen die lateinisch geordneten verstehen wollen. Bei genauer Betrachtung ergiebt sich nun, dass die Alphabete (in diesem engeren Sinne) zum Theil lediglich Umstellungen der uns in den Handschriften erhaltenen Futhorks sind; sie verlieren demnach neben ihnen alle selbständige Bedeutung, geben zugleich einen Beweis, wie unsicher die Kunde der Schreiber jener Handschriften war, und verbieten daher aus ähnlichen Alphabeten, deren Futhorks wir nicht besitzen, übereilte Folgerungen zu ziehen. Ich ordne hiernach sämmtliche, bisher bekannt gemachte ags. Futhorks und Alphabete.

Futh. 1. Die dem ags. Runenliede zu Grunde liegende Buchstabenreihe aus dem Cod. Cott. Otho B. 10. gedruckt Hickes thés. I. pag. 135, Grimm d. Runen Tab. III, 1, Kemble l. c. Fig. 11. Es entspricht demselben:

Alph. 1. aus demselben Cod.; Hickes III, tab. II, 2. Sämmtliche Zeichen entsprechen einander, nur fehlen dem Alph. die beiden letzten Runen des Futh., Stån und Gàr. Den Beweis, dass das Alph. nur Umstellung des

Futh. ist, liefern die d r e i Zeichen für H, die zwei für N, deren eines durch einen sonst nie vorkommenden Strich differenziert ist, die je 2 Zeichen für Ing und Eóh, so wie die Werthbezeichnung eo für letzteres, und vor allem das P; diese Rune war offenbar in dem Futh. verstümmelt (der obere Strich fehlt) und ist denn auch eben so verstümmelt in das Alph. aufgenommen. Letzteres nun, welchem das X fehlt, verwendet die Rune Eolug für Y, Yr für Z, Cweord für Q, das Kalkzeichen, dem im Futh. die Bezeichnung ganz fehlt, nochmals für Z, und Ear für die Sylbe ear. (Es ist wol möglich dass nicht der Schreiber des Cod. Cott., sondern etwa Wormius, welchen Hickes hier abdruckt, der Verfertiger dieses Alphabetes war.)

Futh. 2. aus dem Cod. Cott. Domitian. A 9; Hickes I, p. 136, Grimm l. c. tab. III, II. Aus ihm ist zusammengestellt:

Alph. 2. aus demselben Cod.; Hickes III, tab. II, 3. Alle Zeichen und Lautbestimmungen sind gleich, und dem Alph. fehlt das S, weil das Futh. irrthümlich anstatt desselben R wiederholt. Dies Alph. verwendet die Runen so: Eolug für X, Yr für Y (Z bleibt ohne Rune), Cweord für Q, Kalk für K (Cèn nemlich wird regelmässig ags. Schreibung zufolge mit c bezeichnet) und Ear für ear. [1]

Futh. 3. aus Cod. Cott. Galba A 2; Hickes III, tab. VI, Grimm l. c. tab. III, III. Aus ihm sind entlehnt

a) Alph. 3ᵃ. aus dem Cod. Coll. D J. Bapt. Oxon. No. 27; Hickes III, tab. II, 8. Die Uebereinstimmung der Zeichen und Bezeichnungen hebt jeden Zweifel; man vergl. z. B. Eóh, Eolug, Ing, Yr, Cweord, Z, wobei die Ungenauigkeit der Hickesischen Holzschnitte auch noch anzuschlagen ist. Hier ist aber der Schreiber selbst nicht ganz genau zu Werke gegangen; er hat zu A und R Varianten gesetzt (zu letzterem ein phantasiertes Zeichen, zu ersterem ein nord. Âr,) auch ein bekanntes Zeichen für et hinzugefügt, Peord dagegen und das 2te Odilzeichen weggelassen. Gèr verwendet er statt Gifu für G, Ior statt Îs für I, Stân als Variante für S, Eolug und Eóh weiss er nicht zu brauchen, und stellt sie ohne Lautbezeichnung hintenan. Uebrigens endlich verwendet er Ear für X, Yr für Y (für Z haben Futh. wie Alph. ein offenbares latein. Z), Cweord für Q und Kalk für K.

b) Alph. 3ᵇ. aus dem Cod. Cott. Galba A 2; Hickes III, tab. VI. Man sollte denken, dass dies Alph., da es mit dem Futh. in dem gleichen Cod. steht, directe aus ihm entlehnt, und selbst wieder die Quelle des vorigen wäre; es muss aber umgekehrt seinerseits aus Alph. 3ᵃ, welches es nicht

---

1) Man könnte doch zweifeln, ob die wiederholte Verwendung dieser Rune für die dem Namen entsprechende Sylbe ganz zufällig ist, weil die Verwendung des Nord. ör (sprachlich = ags. ear) für r finale zur Seite steht; diesem r nemlich liess die Aussprache, wo es auf einen Consonanten folgt, einen zwischen u und ö schwankenden vocalischen Anlaut voraufgehen, und ganz gewöhnlich ist in den Handschriften die Schreibung ur; ich vermuthe dass grade nur dieser Umstand in späterer Zeit zur Verwendung der Rune Ör für dieses als Sylbe betrachtete r Anlass gab.

sehr glücklich zu verbessern sucht, abgeschrieben sein, denn mit ihm hat es die beiden Nebenformen für A und R gemein. Eóh und Eolug stellt es ganz willkürlich als Varianten zu E (nebst einem aus dem gleich zu nennenden Futh. 4 entnommenen Zeichen), ebenso Ing und Odil zu I. Alles andre stimmt, nur dass P richtig nachgetragen ist. Die Verwendung der Zeichen ist übrigens wie in 3ᵃ.

Futh. 4. Aus demselben Cod. Cott. Galba A 2; Hickes III, tab. VI. Daraus gebildet ist

Alph. 4. aus Cod. coll. D J. Bapt. Oxon 27, Hickes III, tab. II, 9. Es fehlte aber dem Schreiber der Anfang des Futhork (er mag also eine verstümmelte Copie desselben vor sich gehabt haben), nemlich die Runen F U Th O R. Die Abstammung des Alphabetes aus dem Futh. ist bewiesen durch die Einstimmung aller Zeichen etc., ferner dadurch, dass an beiden Orten Gèr mit GG, Eóh mit X, Eolug mit M, Ior mit OE, Odil gar mit A bezeichnet wird, u. s. w. Verwandt werden: Eóh für X, Yr für Y, (Z fehlt), Cweord für Q, Kalk für K.

Futh. 5. aus einer Handschrift des Isidorischen Tractates de accent. de posit. de litteris. Cod. St. Gall. 878; Grimm l. c. tab. II, Kemble l. c. fig. 8.

Futh. 6. aus Cod. St. Gall. 270; Grimm l. c. tab. II, Kemble l. c. fig. 4. Daraus entstanden ist

Alph. 5. aus dems. Cod.; Grimm l. c. und Kemble l. c. fig. 5.*) Man muss beide ein wenig von einander abweichende Drucke vergleichen; bei Grimm ist z. B. die Form der beiden R verschieden, bei Kemble nicht; bei Grimm sind im Alph. zwei S, bei Kemble nur eines, dem des Futh. entsprechend. Das M des Alph. weicht allerdings von dem des Futh. ab, aber unwesentlich. Für die Entstehung des ersteren aus dem letzteren scheint mir ausser der Uebereinstimmung aller andern Zeichen (man beachte besonders die ungewöhnliche Form des Eolug) entscheidend zu sein, dass in beiden Eóh für K, Dag für T ausgegeben und Ear für Z gebraucht wird, so wie der Umstand, dass dem Alph. das Yr offenbar nur mangelt, weil das Futh. ein verkehrtes Zeichen dafür setzt, welches der nicht unkundige Schreiber des Alph. ganz richtig für ein P erkannte, und als Variante zu der ungewöhnlichen P-Form seines Futh. stellte. Es stellt sich demnach so: Eolug ist verwandt für X, (Yr = Y fehlt) Ear für Z, Cweord fehlt dem Futh., also auch dem Alph.; der Schreiber des letzteren beweist aber auch hier eigene Kunde, indem er aus anderen Alphabeten das in keinem Futh. vorkommende Chon entlehnt und für Q ansetzt; man ersieht bei Kemble auch, dass er es als eigenen Zusatz zu den Buchstaben seines Futh. bezeichnen will, indem er es mit leichterer Hand schrieb. Kalk fehlt dem Futh., mithin auch dem Alph. Dass endlich auch Ing dem Alph. fehlt, erklärt sich ebenfalls aus dem Futh., weil

---

*) Futh. 5. 6. u. Alph. 5 auch in Hattemers Denkmahlen des Mittelalters. Bd. I. Taf. 1.

Anm. d. Corr.

nemlich diese Rune hier unrichtig mit N bezeichnet, und daher von dem Verfasser als Alph. wol für eine irrige Variante dieser Rune gehalten ist.

Futh. 7. aus einer Wiener Handschrift (membr. Salisb. No. 140 olim Salisb. LXXI); Grimm Wien. Jahrb. l. c. S. 1, Kemble l. c. fig. 7.

Futh. 8. als aus einem „Pariser Codex" des gedachten Isidorischen Tractates gedruckt bei Grimm D. Runen tab. II. und Kemble l. c. fig. 3; aus dem Cod. Brux. 155 sodann noch einmal etwas vollständiger bei Kemble fig. 3; es scheint mir wenigstens nicht zu bezweifeln, dass Grimms „Pariser Handschrift" eben der Cod. Brux. 155 ist. Der Schluss dieses Futh. ist verstümmelt; Kemble fig. 3 hat einige Striche mehr, wenn ich nicht irre ein halbes Äsc, ein halbes Yr und ein halbes Gàr.

Endlich Futh. 9, enthalten auf dem merkwürdigen Stockholmer Bracteaten, abgebildet bei F. Magnusen in der Runamo-Abhandlung und in Munchs Abhandlung über das goldene Horn. Von F bis O (Odil) die gewöhnliche ags. Runenreihe, in der sodann folgenden Lücke wird die Dagrune gestanden haben. Dann folgen 8 Zeichen, die zweimal den Namen Tuva ergeben. Sämmtliche Zeichen waren auf dem Stempel richtig geschnitten und stehen daher auf dem Bracteaten umgekehrt. Zu beachten ist, dass anstatt der ags. Osrune die nord. steht, d. h. das spätere ags. Äsc. Das 7te Zeichen der ersten Reihe ist Gifu, wie F. Magnusen l. c. S. 628 richtig sagt; S. 293 giebt er es zu Gunsten des Runamo irrig für Hagl aus. Das 8te Zeichen ist natürlich Wèn. Das 4te Zeichen der 2ten Reihe ist Gèr; F. Magnusen vergisst bei dieser Rune plötzlich die Umkehrung vorzunehmen, um ein Wèn herauslesen zu können.

Von diesen Futhorks nun stimmen 1, 2, 3, 4 und unter den erwähnten Modificationen 9 als die vollständigsten völlig überein; kleine Abweichungen sind auf Rechnung der Schreiber zu setzen. Daran schliesst sich zunächst 5. Die Figur von Eolug ist wol nur verzogen. Es fehlen (wie in den Versen des Runenliedes) Cweorð, Kalk und Stån, aber Gàr ist wieder da.

In 6 fehlen Ior (Cweorð ist vorhanden) Kalk Stån und Gàr.

In 7 fehlen Ior Cweorð Kalk Stån und Gàr.

In 8 scheinen, abgesehen von der Lücke, Cweorð (Kalk ist vorhanden) und Stån zu fehlen.

An diese Futhorks mit ihren Alphabeten schliessen sich nun weiter 2 Alphabetreihen an, deren 1ste auf derjenigen Zeichenreihe beruht, welche in obigen Futhorks mehr oder minder vollständig dargestellt ist, und deren 2te die sogenannten Marcomannischen Runen befasst. Zur 1sten gehören:

Alph. 6. das Alph. des Tegernseer Cod. in München, Grimm Wien. Jahrb. l. c. S. 25 und Kemble l. c. fig. 6. Dasselbe wirft weg die Runen: Thorn Wèn Eóh Eolug Ing Odil Äsc Cweorð Stån und Gàr. Auch das Zeichen Ear fehlt, der Name aber steht als Car neben A.

Alph. 7. Coll. Harles. No. 3017; Kemble l. c. fig. 10. Es wirft weg Thorn Gifu Wèn Eóh Odil Äsc Ior Cweorð Stån und Gàr.

Alph. 8. aus dem mehrged. Cod. Oxon. 27; Hickes III, tab. II, 10. Es wirft weg: Wên Ing Oðil Yr Ior (falls nicht die Variante bei Y Ior sein soll) und Stân.

Alph. 9. Ohne Quellenangabe Hickes III, tab. III. Sehr ungenau. Es wirft weg: Thorn Wên Eóh Ing Oðil Äsc Yr Cweorð Kalk Stân und Gâr (Eolug und Ear mögen in dem Zeichen für Q stecken).

Alph. 10. Cod. Vindob. 64. Grimm D. Runen tab. I. Thorn hat merkwürdig genug fast die Form des Gêr auf dem Bracteaten. Es wirft weg: Wên Gêr Eóh Ing Oðil Däg Äsc Yr Ior (Cweorð steckt vielleicht in dem Zeichen für K, Kalk sollte vielleicht bei Z stehen) Stân und Gâr.

Alph. 11 und 12. Aus der Exeterhandschrift des Hrabanus Maurus; Hickes III, tab. II, 5, Grimm Runen tab. I; beide sind ganz gleich, nur dass 12 die Iorrune in der gewöhnlichen Gestalt hat, 11 dagegen so, wie sie in der 2ten Alphabetreihe (cf. unten) als Chilk gebraucht wird. Weggeworfen werden: Thorn Gifu Wên Gêr Eóh (Eolug und Ear stecken in den sich gleichen Runen für K und Y) Ing Äsc Cweorð Stân und Gâr.

Endlich Alph. 13. ll. cc. Weggeworfen sind: Os Wên Gêr Eóh Ing Däg Äsc Yr Cweorð und Stân.

Zur 2ten Alphabetreihe, den sogen. marcomannischen Runen gehören:

Alph. 14. Das Hrabanische Alphabet nach Goldasts Mittheilung; Hickes II, p. 3, Grimm Runen tab. I, Kemble l. c. fig. 1.

Alph. 15. Dasselbe Alph. aus dem Cod. Vindob. 64; Grimm l. c. tab. I.

Alph. 16 und 17. Dasselbe Alphabet bis zum Buchstaben P incl. aus Lazius de migrat. gent.: Hickes III, tab. I, E, Grimm Runen tab. I; und aus dem Cod. Vind. 828: Grimm l. c. tab. I. Die Abweichungen beider Bruchstücke von einander sind für die allgemeine Betrachtung unwesentlich.

Alph. 18 und 19. von einander oder aus gleicher Quelle stammend; 18 aus dem Cod. Paris. 5239, gedruckt bei Grimm Wien. Jahrb. l. c. S. 23; und 19 aus dem Cod. Cott. Tiberius D. XVIII, gedruckt bei Kemble l. c. fig. 2.

Alph. 20 und 21. Das sogen. Alphabetum Nortmannorum Bedanum, ersteres aus Trithemii Polygraphia, Hickes II, p. 3, Grimm Runen tab. I, letzteres aus Wormius abgedruckt, Hickes III, tab. II, 12. Beide sind so schlecht und unzuverlässig, dass sie nur da von Interesse sind, wo sie mit den vorhergenannten stimmen; ihre Abweichungen dagegen in Betracht zu ziehn verlohnt sich der Mühe nicht.

Diese Alphabete 14—21 ordnen sich hauptsächlich durch folgende characteristische Merkmale zu einander: sie verwenden Äsc für A, ziehen den Kennstrich von Cên nicht, wie alle anderen abwärts, sondern gleich der nord. Rune aufwärts; verwenden Gâr für G, Gifu für H (indem die ags. Häglrune fehlt), ein verzogenes Ior für K, und eine Variante des nord. Kaun für Q (denn etwas anderes ist schwerlich unter diesem Zeichen und seinem Namen Chon zu suchen). Weggeworfen sind, von Hägl abgesehen, in ihnen allen: Thorn Wên Gêr Eóh Ing Oðil Âc Yr Cweorð und Stân; beibehalten aber sind wieder die Namen von Thorn, Hägl, Oðil und Yr. Der Name Kalk ist (in der Form Chilk) von seiner Rune auf das für K gebrauchte Zeichen, Tir (als Ziu) auf das für Z gebrauchte, Yr (als Huyri) auf das Zeichen für Y, Oðil auf das für O (nemlich die Osrune) übertragen. — Den Beweis dafür, dass es mit den Buchstaben dieser Alphabete in der That diesen und keinen andern Zusammenhang hat, kann ich hier nicht führen, ja der Beweis lässt sich wol überhaupt kaum führen. Aber die gewisse Ueberzeugung wird Jeder gewinnen, der sich die Mühe geben will, die verschiedenen möglichen Combinationen zwischen diesen nnd den Runen und Namen der andern Alphabete unter sorgfältiger Vergleichung der einzelnen Schriftzeichen anzustellen.

Vergleicht man nun, durch diese Classification geleitet, die verschiedenen Reihen, so ergeben sich folgende Resultate:

1) Das ursprüngliche ältere Runenalphabet bestand aus einer an Zahl dem nordischen Alphabet entsprechenden Reihe. Eine solche bildet die ursprüngliche Grundlage auch des erweiterten ags. Futhorks. Nemlich a) Das nord. Hagalzeichen steckt in den drei ags. Runen Gifu (an der richtigen Stelle hinter dem Cên = nordisch Kaun) Ior und Gâr. b) Das nordische Âr ist das ags. Gêr; der Name, der Platz und auch die Gestalt dieser Rune beweisen es; dass das Quadrat, welches den Stab kreuzt, keine ursprüngliche Runenzeichnung ist, liegt auf der Hand; es ist eben nur eine Verkünstlichung des einfachen nord. Querstrichs; vermittelnd tritt das Zeichen des Bracteaten ein. Das nord. Zeichen verhält sich zum ags. ganz genau so wie das Gifu der Alphabetreihe 2 zu dem Gâr der Futhorks. Kirchhoff l. c. S. 15 hat auch von seinem Standpunct aus die Identität von Âr und Gêr erhärtet. c) Die Zeichen des nord. Maðr und Ŷr sind genau erhalten in den ags. Zeichen für Eolug und Kalk, wozu aber noch einige Differenzierungen treten. Dieser Punct, welcher zu den verwickeltsten der ganzen Frage gehört, wird sogleich noch etwas weiter beleuchtet werden. Also: das älteste ursprüngliche Futhork bestand aus sämmtlichen Zeichen des nordischen, sowie diese sämmtlich in den ags. Runen erhalten sind.

2) Ebenso finden sich nun auch sämmtliche Namen des nord. im ags. Futhork wieder, nur werden sie z. Th. auf andere Runen verschoben. Die Ausnahmen sind nur scheinbar. Thorn nemlich kommt auch unter den nord. Namen dieser Rune vor. Âr, wie bemerkt, ist Gêr; Sugil ist, wie es scheint, entstanden aus einem goth. Sôjil = Sôl, Kirchhoff l. c. S. 19 — 22.

3) Auch die Ordnung der nord. Zeichen findet sich im ags. Futhork mit einer einzigen Ausnahme wieder, wenn man nach den Namen, nicht nach den Zeichen geht. Lässt man nemlich die neu hinzugekommenen Runen fort, so erhält man die oben S. 176 aufgeführte nord. Reihe, nur mit dem Unterschied, dass das M dem L voraufgeht. Es ist immerhin der Erwähnung werth, dass die beiden nord. Futhorks, welche aus Cod. Cott. Galba A 2 bei Hickes III. Tab. VI. abgedruckt sind, gleichfalls Maðr vor Lögr stellen.

4) Zu diesen als die ursprünglichen festgestellten 16 Zeichen sind sodann in dem goth. und ags. Futhork 17 neue hinzugetreten. Wie viele derselben schon in den goth. Runen vorhanden waren, kann man einstweilen aus dem einzigen, uns erhaltenen Alphabet nicht erkennen. Fürs ags. stellt es sich, wie ich vermuthe, so: a) Zunächst wurden aus dem alten Hagalzeichen Gifu und Gâr, dann wich es selbst der neuen ags. Häglrune, und ward nun als leerstehend für den vocalischen Anlaut von Ior gebraucht. Alle diese Formen mit Einschluss des Chilk (= Ior) der Alphabetreihe 2 sind häufig vorkommende Gestaltungen des nord. Hagal. So wurden verschiedene Formen ein und derselben Rune allmählich zum Ausdruck verschiedener Laute verwandt. b) Aus der Äscrune wurden die beiden Zeichen für das Os und Âc differenziert. Ursprünglich nemlich gehörte die Osrune dem A - laut, und ihr Name war Ans. Dieses Ans wich eben nur im specifisch Angelsächsischen in die Form Os aus; so ward man genöthigt, dem A - zeichen einen neuen Namen (Äsc) zu geben, und umgekehrt aus ihm ein neues Zeichen für das leergewordene Os zu differenzieren u. s. w. Ein höchst willkommener Beleg hierfür ist es, dass auf dem Bracteaten an 4ter Stelle nicht das Oszeichen, sondern die Äscrune steht. Ueber das Sprachliche vergl. Kirchhoff S. 27 Anm. 4. — c) Aus Thorn ward durch Verdoppelung die Dägrune gebildet, und durch Heraufrücken der Kennstriche aus Däg die neue Mannrune. d) Aus Beorc ist wohl Peorđ[1]) nicht minder als Wên differenziert, ersteres indem die als Dreiecke gebildeten Kennstriche von B mit ihren Winkeln gegen einander gekehrt wurden, letzteres durch Weglassung des unteren Dreiecks. — e) Das Zeichen des Yr ist differenziert aus dem Ur. Grimm Runen S. 129 ist der Meinung, dass das Wort Yr aus dem nord. aufgenommen sei. Es hat nemlich diese Rune, indem sie mit der Mannigfaltigkeit der jüngeren vocalischen Entwickelung Schritt zu halten strebte, unter allen die buntesten Schicksale gehabt. Es scheint bei Betrachtung derselben mehrmals der Faden abzureissen; eben darum ist eine allgemeine Bemerkung hier am Platz. Wir, die wir das Alphabet nur als den ersten kindlichen, ja kindischen Anfang alles Wissens lernen, die wir nun eine grosse Reihe verschiedener Alphabete kennen, die wir gewohnt sind, hier wie auf verwandten Gebieten Combinationen und Spiele mit Zeichen aller Art zu machen, wir fühlen uns der armseligen Buchstabenreihe gegenüber in einem Verhältnis, himmelweit von demjenigen verschieden, welches bei den Völkern jener alten Zeiten Statt fand. Dabei ist freilich nicht an Zeiten, wie etwa das 9te, 10te Jahrhundert zu denken, aus welchen unsere Aufzeichnungen der Runenalphabete datieren; dies umgekehrt, als Zeiten beginnender Gelehrsamkeit und vornehmer Geringschätzung gegen das alte Volksthümliche, sind die Zeiten der

---

1) Mit dem Namen Peorđ weiss auch Kirchhoff Nichts anzufangen. Wenn er aber das Pertra seines goth. Alphabets für gleichbedeutend hält, woran allerdings nicht zu zweifeln ist, so durfte er kaum an den Namen der Schachfigur anknüpfen, dessen Kenntnis man doch den Gothen noch nicht zutrauen kann.

allergrösten Willkür. In den Zeiten wahrer Volkstradition aber muss man den Gedanken an Erfindungen, Umsetzungen, Veränderungen durch Laune und Willkür einzelner Personen ganz und gar von der Untersuchung fern halten. Man braucht, um dies zu beweisen, nicht mehr auf die Analogie verwandter Richtungen, auf die Pietät der Ueberlieferung in Religion, Sage, Sprache, Poetik hinzuweisen, sondern man braucht nur auf die Geschichte des phönicisch-griechischen Alphabets hinzublicken, für welche eben in dieser Beziehung namentlich durch Mommsens scharfsinnige Untersuchungen in seinen „Unteritalischen Dialecten" feste Resultate gewonnen sind. Da wird man sich überzeugen, in welchem Maasse die jedes Mal überlieferten Zeichen als ein unantastbares Heiligthum betrachtet werden, und bis zu welchem Grade den Menschen der Gedanke fern lag, selbsterfundene Zeichen den überlieferten an die Seite zu stellen. Sollte ein Alphabet auf eine neue Sprache angewandt werden, und ihre Laute wollten sich in seine 'unveränderten Zeichen durchaus nicht hineinschieben lassen, so bediente man sich fast nur zweier Auskunftsmittel, die grade recht schlagend beweisen, dass man die Ueberlieferung loszulassen nicht wagte: fand man ein Zeichen vor, dessen Laut man nicht hatte, so verwandte man es zu einem Laut, für welchen man umgekehrt kein Zeichen fand, und fand man für nahe verwandte Laute nur Ein Zeichen, so zertheilte man gleichsam dieses eine durch Differenzierungen in mehrere. Unter diesem Licht ist die Erscheinung zu betrachten, welche diese Abschweifung veranlasste. Zur Bezeichnung vocalischer Laute finden wir im ags. Futhork neben den einfachen Vocalen die Runen Ior, Yr, Eolug, Eóh und Ear. Die drei ersteren sind besprochen: für Ior ward ein Gutturalzeichen, für Yr ein aus U differenziertes, für Eolug das leergewordene M-zeichen benutzt. Die beiden andern[1]) aber halte ich sammt Kalk und Cweorð für Differenzierungen derjenigen Runen, welche im nordischen Futhork als Maðr und Ýr gelten. Wie die beiden Gutturalen hierher gekommen sind, weiss ich nicht; die Zeichen selbst lassen aber keinen Zweifel. Für die beiden andern

---

1) Man hat bisher Ear für eine Differenzierung aus Tir gehalten. Ein Grund dafür wird seiner Gestalt entnommen; sie steht aber schon an sich vom nord. Ýr nicht weit ab; wie aber in den Alphabeten 14, 15, 18, 19, 20, 21, 9, 11, 12 und 13 die für k und y gebrauchten Zeichen offenbar Eolug (= nord. Maðr) sind, so müssen die resp. für z und x gebrauchten Zeichen umgekehrt folgerecht für Ear gelten, und sie führen durch ihre verschiedenen Formen auf nord. Ýr, nicht auf Tir zurück. Ein zweiter Grund wird dem Namen Ear entlehnt, wird aber durch die im Text angestellte Vergleichung mit nord. ör überwogen. Auch der Umstand, dass in Futhork 1 und 2 neben Ear nochmals Tir wiederholt wird, kann nicht mehr beweisen als entweder Muthmaassung des Schreibers, oder zufällige Kunde von dem alten Götternamen. Dass endlich später deutsche Schreiber, als sie die Runennamen umschrieben, aus Tir Ziu machten, und hernach, wenn sie die ihnen unverständliche Earrune für das in den Runen fehlende z verwandten, ihr dann den Namen Ziu gaben, beweist gar nichts als ihre eigene Unkunde. Man muss sich überhaupt gänzlich enthalten, bei ihnen aus den Buchstaben k q x y z Etwas lernen zu wollen.

hingegen liegt, abgesehen von ihrer Gestalt der Beweis in den Namen. Die nord. Rune nämlich hat in der That und gewiss von Alters her zwei Namen; der eine ist Ör. Dieser ist sprachlich eben nichts anders als ags. ear, und würde auf ein goth. arhvus führen, aus welchem das uns erhaltene arhvazna offenbar abgeleitet ward; die Bedeutung ist überall Pfeil. Der zweite ist das oftgenannte Ýr: im 2ten Artikel wird nachgewiesen werden, dass ihm das ags. Eóh genau entspricht. f) Für Ing Odil und Ehu erkenne ich die Vorbilder nicht.

5) Die sog. deutschen Runen (Alphabetreihe 2) enthalten ausser der Abwesenheit des ags. Hzeichens keine einzige wirkliche Abweichung von den angelsächsischen. Nur durch die Verwendung der Zeichen, die Verschiebung der Namen u. dergl. sind scheinbare Eigenthümlichkeiten entstanden. Die hin und wieder anders gezogenen Zeichen können um so weniger irre machen, als sie keineswegs alterthümliche Formen verrathen. Will man gar annehmen, diese Alphabete gäben alle Zeichen des ihnen zu Grunde liegenden Futhorks wieder, worauf Grimm z. Th. seine Betrachtung baut, so widerlegt es sich von selbst, dass dieses Futhork als ein deutsches zuerst aus dem nordischen, und dann aus ihm wieder das angelsächsische entstanden wäre. Denn in diesem Fall würde ihm das alte Âr fehlen, welches doch die Angelsachsen als Gêr besitzen. Nimmt man aber an, was ohne Frage richtig ist, dass das uns unbekannte Futhork noch andere Runen hatte, dann konnte es auch vielleicht noch das neue Hägl haben. Demnach wird man sich der Behauptung nicht entziehen dürfen, dass die ganze Annahme specifisch deutscher Runen wegfallen muss, und das hrabanische Alphabet Nichts ist, als eine von der gewöhnlichen Art etwas verschiedene Umsetzung des ags. Futhorks.

6) Die herkömmliche Annahme, das erweiterte goth.-ags. Alphabet habe seine directe Quelle in dem engeren nord., ist wohl nicht haltbar: denn die Normannen verwandten, ihrer Sprache folgend, ihre Ârrune für A, die Angelsachsen hingegen behielten richtig den älteren Gutturalanlaut; und Ans konnte umgekehrt nur im ags. Dialect zu Os werden[1]). Ich vermuthe, dass Os von hier aus zu den Normannen, wie möglicherweise von ihnen Ýr zu den Angelsachsen gekommen ist. Der Einfluss beider Alphabete auf einander war ein wechselseitiger, beiden aber liegt ein gemeinschaftliches Uralphabet zu Grunde. Wir können dieses fast mit mathematischer Sicherheit durch sie bestimmen, und mit ihm in eine Zeit hinaufdringen, welche der Scheidung der germanisch-nordischen Stämme und Dialecte voraufgeht.

---

1) **Dass** nicht auch im Norden, wie Kirchhoff S. 28 meint, ans in ös übergehen **konnte**, beweist unzweifelhaft genug der Umstand, dass es in áss übergegangen **ist**. Auch irrt Kirchhoff, wenn er ös für kein ursprünglich nord. Wort hält; es ist durch **sehr** zahlreiche Namen als einheimisch bestätigt, heisst Flussmündung, und wird mit **ausa** schöpfen zusammenhängen.

Aeltester Runengebrauch.

Die vorige Betrachtung führte uns auf die Existenz der Runen schon zu einer Zeit, welche der Trennung der Stämme voraufgieng. Daraus folgt unmittelbar, dass die Runen Gemeingut aller, aus jener ursprünglichen Einheit hervorgehenden germanisch-nordischen Stämme werden musten, ein Satz, welcher demjenigen begegnet, was von anderer Seite her längst durch Grimm und Finn Magnusen festgestellt ist. Nur muss der allgemeine Satz, dass alle germanischen Stämme Runen kannten, dahin ergänzt werden, dass dies eben diejenigen Runen mit ihren Zeichen, Namen und ihrer Ordnung waren, welche uns durch verschiedene Medien erhalten sind. Ist nun hiermit gesagt, dass unsere Vorfahren schon in jener Urzeit schrieben, und zwar mit eigenen einheimischen Buchstaben? Ich meine nein, sondern Etwas davon ganz verschiedenes.

Alle Runenschriftsteller seit dem Mittelalter sind darüber einig, dass es eine eigene Classe der Runen gab, welche zum Schreiben d. h. zum buchstabierenden Zusammensetzen der Worte aus ihren Lautbestandtheilen gebraucht werden. Man pflegt sie Malrunen zu nennen; dies hat aber, wie sich gleich zeigen wird, ein Bedenken; wir wollen sie lieber Schreiberunen nennen, und unter „schreiben" eben unser heutiges buchstabierendes Schreiben verstehen. Die Schreiberunen nun unterscheiden sich von andern nicht etwa durch ihre Form, ihren Namen oder dergl., sondern gerade nur durch jenen genannten Gebrauch. Wenn also sie zum schreiben dienten, so ward mithin mit andern Runen, welchen sie entgegengesetzt sind, nicht geschrieben. Diese Folgerung ist so bescheiden, dass Niemand widersprechen wird; und dennoch ist sie nirgends gehörig festgehalten, sondern, nachdem gesagt ist, dass mit einer Art der Runen geschrieben ward, pflegt man weiter zu argumentieren, als ob mit andern auch geschrieben wäre. Jene Eine Art bildet ein Runenalphabet in unserm heutigen Sinn[1]), die andere eine Reihe von — sagen wir getrost mystischen Zeichen. Betrachten wir nun die Nachrichten der alten Schriftsteller über den Gebrauch der Runen in ältester Zeit unbefangen und in richtigem Zusammenhange, so ergiebt sich, dass sie nicht von Schreiberunen, sondern lediglich von dem Gebrauche der mystischen Zeichen sprechen, nur dass sie sich des Unterschieds beider sehr begreiflicher Weise nicht allemal bewust sind. Wir begegnen den Runen hier immer im Zusammenhang mit religiösen Elementen, ganz besonders mit der Loosung, mit Segens- und Verwünschungsformeln. Tacitus Germ. 10. sagt: Die Deutschen hätten zum Looswerfen gebraucht „surculos — notis quibusdam discretos." Ammianus Marcellinus 31, 2 lässt zu gleichem Zweck die Alanen anwenden „vir-

---

1) Es darf nicht verkannt werden, dass die Vefjur und andere Künsteleien in diese Classe der Schreiberunen mit hineingehören.

gas, easque cum incantamentis quibusdam — discernentes. Diese surculi sind der Zein (nord. Teinn ags. Tán), dessen Gebrauch beim Loosen häufigst erwähnt wird. Die ungedruckte ags. Bearbeitung von Gottfrieds von Monmouth Chronik (Kemble l. c. S. 332.) enthält die Beschreibung eines solchen Loosverfahrens unter Zaubergesängen. Hierzu sind nun noch einige andere sehr bekannte Aussprüche zu stellen. Hrabanus Maurus sagt: die Normannen gebrauchten die Runen, indem sie damit „carmina sua incantationesque ac divinationes significare procurant"; die entsprechenden Worte des Cod. Cott. Tib. D. XVIII. lauten: „quibus (Runen nemlich) ob carminum eorum memoriam et incantationum uti adhuc dicuntur". Saxo Gramm. endlich (Ed. Steph. p. 11) spricht von „dira admodum carmina ligno insculpta" bei den alten Dänen. Dass nun unter diesen carmina wirklich lyrische oder epische Lieder zu verstehen wären, welche man zu jener Zeit mit Runen niedergeschrieben, oder gar, wie Saxo in seiner Vorrede erzählt, in Felsen eingehauen hätte, kann zu glauben heute keinem Kundigen mehr einfallen; es muss also hier etwas Anderes zu Grunde liegen, und was dies ist, darüber kann man nicht zweifeln, wenn man letztere Stellen mit ersteren zusammenhält. Die Ausdrücke carmina und incantationes sind jedes Mal als zusammengehörig in Einen Begriff zusammenzufassen, und wo nur einer steht, ist der andere zu ergänzen; gemeint sind unter diesem Doppelausdruck: poetische (d. h. alliterierende, stabreimende) Beschwörungs- oder besser religiöse Formeln u. ähnl. — Sehen wir sodann weiter zurück, so sind die „incantamenta" des Ammianus den „notae" des Tacitus offenbar gleich; jener drückt sich nach dem Inhalt, dieser nach dem Zeichen aus; des Einen „incantamenta" sind Zaubersprüche durch Zeichen ausgedrückt und des Andern „notae" sind Zeichen als Ausdruck von Zauberformeln. Gemeint sind also wiederum solche der religiösen Poesie angehörige Formeln, welche beim Looswerfen (und andern religiösen Handlungen) mit Runen — geschrieben wurden? man hüte sich wohl: nicht geschrieben. Selbst Hrabanus oder wer sonst jene Stelle schrieb, verkannte diesen Umstand nicht, denn er nennt was man mit Runen that, nicht schreiben, sondern „significare", andeuten. Kurz: man schnitt die Runen (notae) ein, als mystische Zeichen, aus welchen der Kundige religiöse Formeln (carmina) bilden und zusammensetzen konnte.

In Betreff der bisher kaum angerührten Frage, durch welche Mittel nun dieses Ausdeuten der mystischen Zeichen geschehen konnte, sind wir doch nicht so ganz ohne Antwort gelassen[1]). Man hat wohl dabei an die späteren geheimschriftlichen Künsteleien gedacht, namentlich an die Binderunen;

---

1) Absichtlich enthalte ich mich des irreleitenden Ausdrucks Geheimschrift; nachdem das Dasein einer Schrift in unserm Sinn geleugnet worden ist, kann von keiner Geheimschrift die Rede sein. Auch darf man sich diese Runen überhaupt nicht als etwas so gar Geheimnissvolles denken, da nach Tacitus nicht etwa nur die Priester, sondern jeder im Volk mit ihnen umzugehn wuste.

besonders Finn Magnusen kommt immer auf sie zurück, weil er an ihrer ver-
worrenen Vieldeutigkeit seiner Phantasie ungestraft freien Lauf lassen kann.
Auch führt man zum Beleg einen Vers aus der isl. Runenlehre an: „rista
må rûnastaf einn fyrir orđ hvört", jedes Wort soll man durch einen einzigen
(Binde-) Runenstab ausdrücken. Ich würde schon an sich nicht anstehen,
diese Binderunen, welche darin bestehen, dass man sämmtliche Buchstaben
eines Worts zu einem einzigen Zeichen verschlingt, für eine Künstelei später Zeit zu erklären. Aber bei den Prämissen, von welchen wir ausgegan-
gen sind, liegt gegen ihre Identität mit unsern mystischen Zeichen ein ganz
entscheidender Grund vor. Die Binderune nemlich enthält ja die einzelnen
Buchstaben des Wortes, welches sie ausdrücken soll, also sie s c h r e i b t das
Wort, nur etwas künstlich. Mit unsern mystischen Zeichen hingegen wurden
nach unserer Aufstellung nicht Worte aus ihren Lautbestandtheilen so oder so
zusammengesetzt, und mithin gehören die Binderunen und alles Analoge nicht
zu ihnen, sondern zu der Classe der Schreiberunen.

Wenn es nun möglich war, durch die mystischen Zeichen geleitet „carmina et incantationes" aufzufinden und abzusingen, so musten sie nothwendig irgend etwas ausdrücken, welches einen wesentlichen Theil der „carmina"
bildete. Fragen wir nun, was zunächst formell die Grundlage des urgerma-
nischen Verses bildet, so ist dies der Stabreim (Alliteration) d. h. der gleiche
Anlaut zweier oder dreier Worte eines aus zwei Halbzeilen bestehenden Verses. Dieser gleiche Anlaut theilt aber in der alten Poetik den Namen mit den Runen; beide heissen mit ein und demselben Wort Stafr (Stab). Was wir erklären sollen, ist der Umstand, dass Runen und Vers so eng zusammenhängen,
dass der Kundige aus jenen diesen bilden konnte; und hier finden wir nun
zuvörderst einen formellen wesentlichen Bestandtheil des Verses, welcher ohne
weiteres Rune ist, und darum von Alters her auch ihren Namen führt. Der
Runenstab ward gesprochen oder gesungen zum Versstab. Eben darum
kann das Einritzen von Runen gar nicht ohne den dazu gehörigen Spruch
gedacht werden (cf. S. 190 Anm.). So beweisen auch genug Stellen, welche
von späteren Zeiten sprechend, das Ritzen von Zauberrunen behandeln, dass
ebenfalls in diesen späteren Zeiten das todte Zeichen an sich für Nichts galt;
es ward erst lebendig und wirksam durch Singen oder Sprechen des Verses,
dessen Stab es war. Die Edda spricht dies an 2 Stellen besonders deutlich
auf bildliche Weise aus. Im Hâvamâl (Rûnatalsthâttr Odins), welches die Erfindung der Runen durch Odin erzählt, sind Str. 2 unter Runen die Zeichen
gemeint, und Str. 3 unter dem Trunke Meth — einer ganz gewöhnlichen
dichterischen Umschreibung gemäss — die Poesie; der Sinn ist also, dass
Odin die Runenzeichen mit den dazu gehörenden Versen oder Sprüchen erfand. Ganz in gleichem Sinne heisst es im Sigrdrifumâl Str. 18 nach Simrocks Uebersetzung: die Runen seien „mit hehrem Meth geheiligt, und gesandt auf weite Wege", d. h. wiederum mit den Zeichen ist der Vers verbunden und dadurch die Zauberkraft des Zeichens geweckt. Die Auffassung

dieses letzten Liedes ist höchst tiefsinnig; Petersen hat in seiner „Nordisk Mythologi" Kopenh. 1849 S. 210 flg. sehr hübsch auseinandergesetzt, wie unter der allen Dingen anhaftenden Rune die We s e n h e i t der Dinge verstanden wird; indem man also der gleichsam von den Dingen „abgeschabten" Rune durch den Zauberspruch Leben einhaucht, setzt man auf solche Art die Wesenheit der Dinge in zauberkräftig wirkende Bewegung. Wir haben also nun die Runen als mystische Zeichen dahin zu bestimmen, dass sie in ihrer Reihe, nicht die Buchstaben in unserm Sinn, sondern die Zahl der Anlaute darstellten, auf deren Gleichklang die altgermanische Poesie gebaut ward. Man wende hier nicht ein, dass auf diese Art also doch wiederum g e s c h r i e b e n wäre, nemlich für jedes Wort Ein Buchstabe als eine Art Abbreviatur. Das Erkennen und Absondern des Anlauts der Worte war auf practischem Wege durch ein Grundbedürfnis der Poesie herbeigeführt worden, und steht noch weit ab von jener erschöpfenden Erkenntnis der Lautverhältnisse in sprachlicher Beziehung. —

Führte der Stabreim auf eine formelle Verbindung von Rune und Vers, wobei ich allerdings das nähere dahingestellt sein lasse, so leitet eine andere wichtige Spur auf einen materiellen Zusammenhang beider. Es ist hier ein kurzer Seitenblick auf die altnord. Poesie nöthig. Neben die älteste Art nord. Volkspoesie, welche der ags. und altdeutschen im wesentlichen parallel steht, stellt sich etwa vom 9ten Jahrhundert an eine höchst eigenthümliche Kunstpoesie, die der Skalden. Unter ihren Gesetzen erkennt man Einiges als neu, und z. Th. als den Ausfluss einer sich gänzlich verirrenden Künstelei. Anderes aber stellt sich unzweifelhaft dar als Ausfluss von etwas Uraltem mit Religion und Mystik auf das engste verknüpftem. Und hierzu gehört die wunderbar complicierte Umschreibung der Namen und Begriffe, deren gewandte Handhabung vorzüglich das Augenmerk der Skalden war. Es sind ursprünglich keineswegs ästhetische Zwecke in diesen Umschreibungen verfolgt, so dass sich in ihnen etwa das Genie des einzelnen Dichters wie in dem glücklichen Gebrauch von Bildern in unserm Sinn aussprechen konnte, sondern sie sind im wesentlichen altüberlieferte Formeln; gesammelt und verzeichnet besitzen wir sie in dem unter dem Namen des „Skáldskaparmál" bekannten Theil der jüngeren Edda. Da nun diese „Kenningar" und wie sie sonst heissen, den Versen nicht etwa nur als ein dichterischer Schmuck hie und da eingefügt werden, sondern vielmehr der ganze wesentliche Inhalt einer Strophe aus ihnen bestand, so fasste man sie folgerecht als die eigentliche Vers m a t e r i e auf, welche letztere mit dem technischen Ausdruck „Mál" bezeichnet ward. Wenn wir nun in dem ged. „Skáldskaparmál", welches noch in frischer Kunde seines Gegenstandes geschrieben ist, und in welchem in jeder zehnten Zeile das Wort „Mál" in der angegebenen, und n u r in dieser technischen Bedeutung vorkommt, S. 121 (der Egilssonschen Ausgabe, Reykjavik 1848) lesen, eine gewisse Strophenform sei die Grundlage aller andern, sowie die M á l r u n e n die Grundlage der übrigen Runen, können wir da umhin, hier unter „Mál" dasselbe zu verstehen, wie an allen andern Stellen?

Ja, auf S. 47 finden wir den zwingenden Beweis hierfür. Es wird nemlich dort der Grund für eine solche Umschreibung des Goldes angegeben, mit folg. Worten: „wir verbergen es (nemlich den Ausdruck Gold) in Runen oder Poesie dergestalt, dass wir es Sprache der Riesen nennen." Hierin ist also die Identität von Rune und Versmaterie unzweideutig ausgesprochen, und wir können nun jene Màlrunen, welche nach Aussage des Verfassers die ursprünglichen sind, erklären, als diejenigen Runen, durch deren Combination mittelst der Kenningar die Versmaterie ausgedrückt werden konnte. Damit haben wir einen materiellen Inhalt unserer mystischen Zeichen. Die Sache ist noch zu wenig geprüft, als dass es gerathen wäre, sich auf das Detail einzulassen; einige Bemerkungen seien aber doch gestattet.

Es giebt zwei Grundregeln für die poetischen Benennungen. Die eine besteht darin, dass jeder der, wohl zu merken, bestimmt begrenzten Begriffe, auf welche diese Regeln anwendbar sind, beliebig durch eine ebenfalls feststehende Reihe von Worten ausgedrückt werden darf, deren jedes an die Stelle des andern treten kann. Soll z. B. der Begriff Reichthum ausgedrückt werden, so kann hierbei das Wort fè (pecunia) gull (Gold) baugr, hringr (Ring) u. s. w. benutzt werden. Die zweite Grundregel besteht darin, dass durch eine Combination mehrerer Wörter Ein Begriff umschrieben wird, und für jeden, der in diesen Kreis gehörenden Begriffe giebt es dann wiederum eine ganze Reihe solcher Umschreibungen. Es beruht auf solche Art die ganze Poesie fast ausschliesslich auf dem Substantiv; Adjectiv und Verbum spielen eine durchaus untergeordnete Rolle.

Betrachtet man nun unter diesem Lichte die uns überlieferte Reihe der Runennamen, so entdeckt sich, dass sie nach den Gesetzen jener Umschreibungen behandelt, den ganzen Begriffskreis der ältesten Zeiten, welchen unsere mystischen Zeichen angehören, erfüllen und umfassen. Die Beziehungen, welche sich selbst dem ersten flüchtigen Blick in dieser Richtung offenbaren, sind so reichhaltig und weitgehend, dass die Beschränktheit des hier vergönnten Raumes nur einige hauptsächliche Andeutungen gestattet. Ich übergehe dabei den Runennamen Kaun (Cèn, Chozma), weil ich ihn in allen überlieferten Formen für verderbt halte.

Gleich bei der ersten Rune Fè giebt uns das Skàldskaparmàl eine Anweisung für das Verfahren; die Skalden, heisst es S. 68., haben das Wort Mann bezeichnet durch jeden männlichen Baumnamen „ok kent til — — fjàr" d. h. und das Kennwort Fè (oder eins seiner Synonymen) hinzugefügt. Einen, und das heisst also sämmtliche männliche Baumnamen, haben wir nun z. B. in der 16ten Rune Ýr; trifft also sie mit der ersten Rune zusammen, so giebt dies den Begriff Mann; gesprochen werden kann dies auf sehr verschiedene Weise: ýr fjàro z. B. wenn man die directen Namen behalten will, oder askr gulls, hlynn hrìnga u. s. w. Tritt hingegen Fè als Kennwort zu einem weiblichen Baumnamen, so entsteht der Begriff Frau; die Rune Björk versieht uns mit solchen weiblichen Bäumen; so wird Skaldsk. 85 in einem Vers von Ormr die Frau „Birke (Björk) des Goldes" genannt. Es ist nicht nöthig, auf die Fülle der Begriffe, welche sich aus Fè entwickeln lassen, einzugehen; — Ur, die zweite Rune, ist die einzige, welche beschränkten Inhalts scheint. Es liegt aber z. B. in ihrer Begriffsreihe (sie selbst bedeutet Auerochse) der allgemeine Begriff Thier; nimmt man dazu die Rune Lögr (See), so erhält man brim-dŷr, eine gebräuchliche Umschreibung für Schiff u. s. w. Ich möchte doch auch eine allgemeine Vermuthung wagen: zur Bezeichnung des Reichthums tritt in der ersten Rune das Wort Vieh, und in ihm die eine Seite des friedlichen Lebens jener alten Zeiten auf; die zweite Hauptseite, die Jagd, symbolisiert durch das wilde Thier, tritt daneben. Es folgen die Runen Thurs (oder Thorn [1]) und Ans. Ueber Thurs (Riese, Fels) etwas zu sagen, ist kaum nöthig; nur ein paar Beispiele, wie das Wort durch Combinationen weiter leitet: Feind der Riesen ist Thor, ihr Betrüger Loki, ihr Hirn der Himmel, ihre Stimme das Gold; zu einem Baumnamen tretend bezeichnet dies Wort: Axt; zu Mann (Maðr etc.) tretend, giebt es einen Schimpfnamen; durch das Wort Ŷmr lenkt es auf die Abstraction Getöse u. s. w. — Zu Ans nur einiges ganz Naheliegende: das Gold heisst u. a. „farmr", Last; da nun die Rune Fè jeden Goldnamen, die Rune Ans jeden Asennamen bedeutet, so können sie zusammen gelesen werden: Farmatŷr d. h. Odin. Ebenso giebt die Combination der 5ten und 4ten Rune den Begriff Wagengott (Reiðitŷr, Ökuthôrr) d. h. Thor. Gott des Reichthums (Fègjafi)

---

1) Thorn, falls dies das ursprüngliche wäre, ist männlicher Baumname, würde also die reichhaltigen Beziehungen dieses Begriffs neben Yr und Maðr vertreten, tritt aber dem Thurs insofern genau an die Séite, als auch in dem Dorn unserer Mythologie eine bestimmte Beziehung auf ein Böses liegt. Sollte etwa mit dem svefn-thorn, durch welchen Brynhild verzaubert ward, eben unsere dritte Rune gemeint sein? Ein Beispiel, dass Thurs wirklich zu bösen Zwecken diente, giebt die Edda in dem Liede Skirnisför. Skirnir, von Freyr gesandt, um ihm die Gerðr zu werben, droht dieser, da sie sich weigert, mit runischen Verwünschungen, und zwar u. a. mit einem Thurs, das ist eben offenbar unsere Rune: „Thurs schneide ich dir!" (Str. 36). Die Verwünschungsformel aber, welche dazu gehört, geht vorauf in den Strophen 34. 35, welche, so weit sie sich auf Thurs beziehen, in Simrocks Uebersetzung lauten: „Hört es, Joten (d. h. Riesen, Thursen), hört es, Hrimthursen,

— — — — — — — —

wie ich verbiete,
wie ich banne
Mannes Gesellschaft der Maid,
Mannes Gemeinschaft.
Hrimgrimnir heisst der Riese (Thurs)
der dich haben soll
hinterm Todtenthor.

Wir sehen also zugleich an diesem Beispiel Eine Art des Verfahrens mit Runen, welche aus der materiellen Bedeutung der Runen hervorgeht. Unter Thurs ist die feindlich dämonische Macht symbolisiert; indem nun die Rune dieses Namens eingeschnitten und durch den Spruch ins Leben gerufen wird, setzt der Beschwörer des Thursen böse Macht gegen denjenigen in Thätigkeit, welchen der Fluch treffen soll.

ist Freyr; ihn also würde die Combination der ersten Rune mit Ans auch ausdrücken können. — Es folgen Reið (Wagen) und Kaun. Die grosse Bedeutung des Wagens in unserer alten Religion ist genügend bekannt; er kann auf Thor, Odin u. a. führen; mit der Rune Lögr verbunden giebt er den Begriff Schiff etc. — Sodann folgen Hagl und Nauð. Das erstere, von den Wettererscheinungen als seiner natürlichen Bedeutung abgesehen, ist das Wort, durch welches alle Schusswaffen umschrieben zu werden pflegen; der Valkyrien Geschoss ist der Hagel (vergl. Fornm. S. XI, S. 134 folg.) Uralt aber ist die Bedeutung Schlacht in dem Worte Noth, der folgenden Rune Nauð, sie enthält daneben den Begriff des Schicksals, der Nornen etc. — Es folgen Îs (Eis) und Âr (die fruchtbringende Sommerzeit), Winter und Sommer. Die technisch-religiöse Bedeutung des Wortes Âr z. B. in dem grossen Winteropfer ist bekannt; Ârguð (das wäre mit unserer Rune ein Ans verbunden) ist Freyr; Ârmaðr (unsere und die Maðrune) führt als Zwergname zu den Unterirdischen etc. — Der Kürze halber stelle ich die beiden folgenden Sôl (Sonne) und Tŷr (der Gottesname) oder Tîr (Ehre, Ruhm, Sieg) eben nur zusammen; Tŷr ist gleich Zeus und sanskr. djaus Himmel, ehemals Licht- und Taggott, Grimms Myth. 175 fg. — Es folgen sodann, wenn man der ags. Ordnung folgt, welche sich vielleicht eben dadurch als die ältere documentiert, neben einander Björk (Birke) und Maðr (Mann) d. h. nach dem bereits erwähnten: Frau und Mann. — Geschlossen wird dann die Reihe durch Lögr (Meer) und Ŷr (Eibe, Bogen). Und dürfte man bei letzterem nicht an den Baum Yggdrasill erinnern? er würde auf den Begriff Welt, Raum führen, und sich diese Rune sodann an das voraufgehende „Meer" sehr wohl anschliessen.

Die Schreiberunen.

Es sei noch einmal die vorhin bereits bejahte Frage aufgeworfen, ob es wirklich eine Zeit gab, wo bei den germanisch-nordischen Stämmen die mystischen Runenzeichen im allgemeinen Gebrauch waren, ohne dass man mit ihnen den Gedanken eines eigentlichen Alphabets und den des Schreibens verband. Dass die alten Schriftsteller, wenn man Alles genau erwägt, nicht vom Schreiben sprechen, ist oben für wahrscheinlich gehalten. Gegen das Schreiben in ältester Zeit scheinen besonders zwei Umstände zu sprechen. Der erste ist der, dass wir kein einziges Monument noch Nachricht von einem haben, welches über die Periode hinausreichte, in welcher der Einfluss der alten Welt auf die germanische längst begonnen hatte. Am höchsten, etwa in das 4te Jahrhundert, führte uns, wie schon erwähnt, das goldene Horn hinauf; dabei ist es nun wohl zu beachten, dass nach Müllenhoffs von den vorliegenden Erwägungen ganz unabhängiger Bemerkung, auch die Bildwerke des goldenen Horns bereits den Einfluss römischer Cultur verrathen (14ter Jahresbericht S. 27. 28). Hätte man in jener älteren Zeit wirklich wie im Mittelalter mit Runen Steininschriften, Inschriften auf Gefässen, Waffen, Schmucksachen u. s. w. gemacht, sollte denn in der That auf so grossem

Ländergebiet dem christlichen Eifer die Vertilgung all dieser Monumente uneingeschränkt gelungen sein? sollte es nur einmal möglich, geschweige denn wahrscheinlich sein, dass all diese Steine spurlos zerbröckelt, all dies Metall spurlos in der Erde weggerostet wäre? Der zweite, nicht zu übersehende Umstand ist der, dass alle germanischen Stämme, sowie sie nach der Berührung mit der alten Welt bei fortschreitender Bildung wirklich zu schreiben anfiengen, zunächst gar nicht auf den Einfall kamen, ihre Runen dazu zu benutzen. Die Gothen bildeten ihr Alphabet (das des Ulphilas) dem griechisch-lateinischen nach; fügten aber für ihnen eigenthümliche Laute ein paar Runen ein. Die Franken nahmen die lateinischen Buchstaben an, aber auch sie setzten einige Zeichen zu, denn so erkläre ich mir die Stelle Gregors von Tours (Hist. Franc. V, 45) über die 4 neuen Buchstaben König Chilperichs: es waren Zusätze zum lateinischen Alphabet, aber für das Schreiben in fränkischer Sprache. Die Angelsachsen nahmen ebenso, und ebenso endlich die skandinavischen Stämme das lateinische Alphabet an unter ein paar eignen Zusätzen.

Kurz, der ganze Gedanke des buchstabierenden Schreibens ist erst nach Berührung der germanischen Welt mit der alten von dieser auf jene übergegangen, und erst nachdem man dies Schreiben und die Natur eines Alphabets in diesem Sinne von dorther hatte kennen lernen, kam man in einem Theil der germ. Welt auf den weiteren Gedanken, die einheimischen uralten Zeichen, die Runen, auch zu diesem Zweck zu brauchen. Denn, wenn vorher der wesentliche Unterschied zwischen einer Erkenntnis des Anlauts, wie wir ihn im Stabreim und dem entsprechenden Runengebrauch finden, und der grammatischen Erkenntnis der Lautverhältnisse hervorgehoben ist, so muss umgekehrt hier ihre ebenso wesentliche nahe Verwandtschaft eingeräumt werden. Die Mittel, um beide auszudrücken, sind ihrem Wesen nach dieselben. Besass man mithin ein Mittel zur Bezeichnung des Anlauts der Worte, und lernte nun die Natur der griech.-latein. Alphabete kennen, so muste man nothwendig alsbald wahrnehmen, dass man längst selbst die Elemente eines Alphabets besass, und es kann deshalb nicht befremden, dass man gleich Anfangs auf den Gedanken kam, Runen in das aus der Fremde aufgenommene Alphabet einzuschalten, wo dieses mit den Lautverhältnissen nicht stimmen wollte.

Nehmen wir an, was sich wol nicht bezweifeln lässt, dass die Erweiterungen des alten Runenalphabets aus dem Bestreben erwachsen sind, die Laute der Sprache so wie sie für die Schrift in Betracht kommen, vollständig darzustellen, so folgt, da die Gothen bereits das erweiterte Alphabet besassen, dass auch sie bereits das Schreiben mit Runen versuchten. Dem Ulphilas mochte für seine Bibelübersetzung solche Schrift zu heidnisch sein. Doch kann man kaum für diese frühen Zeiten dabei an eine wirklich durchgeführte und Allen geläufige Sitte denken, zumal da uns auch keine einzige kleinste Spur oder Nachricht davon bei den Gothen erhalten ist.

Auch für die Franken und sämmtliche im eigentlichen Deutschland wohnenden Stämme finden wir keinen Beweis, noch eine Andeutung des Schreibens mit Runen, ausgenommen die ganz einzeln stehende Stelle des Venantius Fortunatus, welcher im 6ten Jahrhundert aus einem fränkischen Kloster einem Freunde schreibt: falls er ihm nicht lateinisch antworten wolle, so möge er ihm Runen auf hölzerne Tafeln malen. Kemble macht mit Recht auf den Umstand aufmerksam, dass man im frühsten Mittelalter nicht selten Bekanntschaft der Runen und einen spielenden Gebrauch derselben grade in den Klöstern antrifft; es kann aber wohl sein, dass auch Venantius nur eine Spielerei im Sinne hat, und nicht einen Volksgebrauch, von welchem wir sonst durchaus nichts erfahren. — Ernsthaft aufgefasst und wirklich durchgeführt ist der Gebrauch des Schreibens mit Runen nur von den Normannen und ihren nächsten Nachbarn, den Angelsachsen. Bei weitem die meisten Monumente gehören den Ersteren an; man erkennt an denselben recht deutlich, wie spät erst eine Verallgemeinerung dieser Sitte Statt fand; die Stein- und Grabinschriften gehen in ihrer Mehrzahl nicht über das 9te Jahrhundert hinauf; sie reichen bis spät in die christliche Zeit herab.

Es bedarf kaum der Erwähnung, dass wenn die voraufgehenden Betrachtungen richtig sind, die vielfach ventilierte Frage nach dem Zusammenhang der Runenzeichen mit andern Alphabeten anders gefasst werden muss, als bisher geschehen ist. Dass die Runen nicht auf gleiche Art aus dem phönicischen Alphabet entlehnt sein können, wie die eigentlichen Tochteralphabete desselben, ist durch ihre abweichende Ordnung, ihre Namen und ihre älteste Bedeutung nicht als Schrift- sondern als mystische Zeichen genugsam bewiesen. Der Umstand aber, dass einzelne Runen mit den entsprechenden Zeichen der phönicischen Alphabete mehr oder weniger übereinstimmen, fordert allerdings zu neuer Untersuchung der Frage auf, welcher Zusammenhang hier dennoch etwa unter Vermittlung von Zwischengliedern stattfindet.

Kiel.   R. v. Liliencron.

Ueber altdeutsche Loossung und Weissagung

mit Rücksicht auf die neusten Interpreten der Germania und die Samler deutscher Eigennamen.

Nachdem es Liliencron, wie ich glaube, gelungen, im vorigen Artikel das ursprüngliche Wesen unsrer alten nationalen Schrift zuerst ins rechte Licht zu setzen, und zwar hauptsächlich mit Hilfe der unzweideutigen Nachrichten über ihren zauberhaften Gebrauch, erheischt die Frage, ob und inwiefern ein ähnlicher Gebrauch der Schrift sich auch noch bei der Weissagung und Divination der alten Germanen nachweisen lässt, um so mehr eine Erledigung, weil diese dort schon im Ganzen als gewonnen vorausgesetzt ward. Es kommt aber noch ein Umstand hinzu, der ihre Behandlung auf diesen Blättern für uns besonders wünschenswerth macht. Die Beantwortung der Frage hängt gröstentheils von der Auslegung einer vielbestrittenen Stelle im zehnten Capitel der Germania des Tacitus ab. Wilhelm Grimm, der diese zuerst eindringlicher und im richtigen Zusammenhang in seiner Schrift über deutsche Runen betrachtete, liess es gleichwohl unentschieden ob bei der von Tacitus beschriebenen Art der Loossung Runen zur Anwendung kamen. Die neusten Herausgeber des Tacitus, deren Zahl Legion zu werden droht, haben aber seine Erwägung der Sache, die doch zur grösten Wahrscheinlichkeit geführt hat, nicht nur ebenso wenig gekannt, als das was Wilda, Waitz und andre für die Erklärung der Germania sonst geleistet haben: es scheint sogar unter ihnen gegen alles, was nicht gerade innerhalb der engen Grenzen der classischen Philologie entstanden, ein eigenthümliches Vorurtheil zu herschen. Worin dies seinen Grund hat und wohin es geführt, darüber werden wir Gelegenheit finden uns auszusprechen, sobald die angekündigte Ausgabe des Hrn. Nipperdey in Leipzig, die doch aller Wahrscheinlichkeit nach einen kleinen Abschnitt in der Reihe machen wird, erschienen ist. Fürs erste muss uns daran liegen, nicht sowohl nachzuweisen, dass wer sich auf die Erklärung der Germania einlässt und hier nicht überall zu kurz kommen will, eine besondre Sachkenntnis nicht entbehren kann, sondern vielmehr den Herrn Interpreten gegen-

über an einem Beispiel einmal ausführlicher zu zeigen, wie und durch welches
Verfahren auch in einem Falle, der wie der vorliegende zu den verwickeltsten
gehört, wir zur Entscheidung und Gewisheit gelangen. Und wir müssen
wünschen, dass dies nicht allein vor ihren und unsern Fachgenossen geschehe,
sondern vor Aller Augen die in wissenschaftlichen Dingen ein Urtheil haben.
Die bezeichnete Stelle darf auch wohl eine allgemeinere Aufmerksamkeit in
Anspruch nehmen, als manche andre. Sie betrifft eine Sache, die für unser
Alterthum kaum von geringerer Bedeutung war, als Orakel und Auspicien
für Griechen und Römer. Und sollte auch eine Erfindung, über deren Herkunft und Verbreitung neuerdings mit Recht die umfassendsten Untersuchungen angestellt sind, weil auf ihr jede höhere Cultur beruht, nicht von unsern
Alten noch einmal selbständig gemacht sein, (was immerhin möglich gewesen
wäre, da sie der Anlage nach gewis nicht minder erfindungsreich waren als
ihre Nachkommen sich dessen rühmen), so haben sie jedenfalls jene Erfindung in der eigenthümlichsten Weise gehandhabt, und vollständig zu erfahren, welchem Bedürfnis bei ihnen die Schrift ursprünglich diente, möchte
sich doch wohl einiger Mühe lohnen. So theilen wir unsre Untersuchungen, wie
philologisch sie auch sein mögen, hier mit, hoffen aber sie so einzurichten,
dass wer bei einigem Interesse ihren verschlungnern Weg nicht gerade scheut,
auch ohne besondre Vorkenntnisse im Stande sei zu beurtheilen, ob und wie
wir hier w i s s e n oder nicht, und auf welcher Seite das Vermissen.

Die Schrift des Tacitus ist für unsre ganze Alterthumskunde so wichtig,
dass wir ernstlich darauf halten müssen, dass jedes Wort scharf und genau
gefasst werde. Tacitus handelt von der Loossung im Zusammenhang mit
dem Cultus, Götterglauben und Auspicienwesen unsrer Alten. Wenn er sagt:
auspicia sortesque ut qui maxime observant, und Hr. Döderlein übersetzt:
Auf Vorbedeutungen und Götteraussprüche legt kein Volk höhern Werth, so
sieht man dass was jener mit dem treffenden Ausdruck eines der die Sache
im Auge hat bezeichnet, bei diesem Wort für Wort entstellt ist. Vorzeichen,
dem sich schon das goth. faúratani τέρας[1]) vergleicht, war hier der gute
alte, technische Ausdruck für auspicia, und nicht das modernabstracte Vorbedeutungen. Tacitus spricht von Dingen und Anzeichen, die zu übler oder
guter Vorbedeutung dienten, und er sagt nicht bloss dass die Germanen auf
diese einen grossen Werth legten, sondern bestimmt dass sie sie mit sonder-
lichem Fleiss und Eifer beobachtet. Hrn. Döderleins abstrahierende Weise
verführt ihn sogar den Tacitus etwas sagen zu lassen, was dieser weder sagen wollte noch konnte. Denn wenn er den folgenden Satz: Sortium consue-
tudo simplex, dem vorigen gemäss übersetzt: Ihre Art einen Ausspruch zu

---

1) Spuren der zweiten Worthälfte hat Grimm Myth. 1057 im altn. und ahd. mit Wahrscheinlichkeit nachgewiesen.

erlangen ist einfach, und nun die Beschreibung der Loossung folgt, die Hr. Döderlein beim rechten Namen zu nennen versäumt, so würde man diese auch für die einzige Art kunstgemässer Divination halten müssen. Die Worte des Tacitus aber enthalten weiter nichts als sein Urtheil, wie er es auch sonst in stillschweigendem Gegensatz zu römischer Weise auszusprechen liebt; sie schliessen nicht einmal die Möglichkeit aus dass es auch noch andre Arten der divinatorischen Loossung gab. Ausserdem war die Beobachtung der Auspicien, wie der übrige Inhalt des Capitels lehrt, selbst eine Art einen Götterausspruch zu erlangen, und auch sie ward, wie bei Griechen und Römern, kunstmässig getrieben, nur dass die Germanen nicht sowohl aus der Richtung des Vogelflugs, sondern aus dem Vogelschrei, ja wohl aus dem Schall und den Tönen überhaupt, die der an einsamem Ort, auf dem Kreuzweg [1]) beobachtende vernahm, das Orakel entnahmen. Daher ahd. fogilrartôd, eig. Vogelrede Vogelstimme, auspicium und ahd. hleodar sonus ags. hleóđor sonus und oraculum, dann auch ags. hleóđorcviđe oraculum; ferner ags. hleóđorstede locus oraculi und ahd. hleodarsâza, was wörtlich nur das Sitzen [2]) auf dem ϑᾶκος ὀρνιϑοσκόπος bedeutet, dann aber nach ahd. hleodarsâzo hleodarsizzeo hariolus necromanticus caragius zu schliessen die Bedeutung von Hexerei und Teufelswerk überhaupt annahm und nun in den Glossen für die von der Kirche als teuflisch verdammten Neujahrsmummereien vorkommt. Wenn Tacitus ausser avium voces auch das volatus interrogare erwähnt, so ist dies mehr von dem Erscheinen gewisser Vögel, das, wie der Angang der Thiere überhaupt, Heil oder Unheil verkündete, zu verstehen; denn dass auch die Beobachtung des Angangs zur Kunst ausgebildet, lehrt ausser den von Grimm [3]) gesammelten Ausdrücken (heil omen augurium, ahd. heilisôn ags. hâlsian auguriari, heilisôd augurium, heilisari hâlsere augur) auch das ahd. heil scouwôn und ags. hæl sceávian (Beóv. 407).

Die Loossung wird nun so beschrieben. Zuerst: virgam frugiferae arbori decisam in surculos amputant, d. h. wieder nicht wie Hr. Döderlein, diesmal wider die deutsche Synonymik verstossend, übersetzt: sie zerschnitten einen Zweig in Reiser, sondern sie zerlegten ihn in Stäbchen. Auch ist die arbos frugifera hier kein Obstbaum, wie Hr. Döderlein meint und wie ihn schon Cap. 5 hätte lehren sollen, wo Tacitus eben sagt dass Deutschland frugiferarum arborum impatiens sei. Es könnte also nur ein wilder Obstbaum gemeint sein; allein alles Weichholz war bis auf die Hasel, den Hollunder und Wacholder nach deutschem Glauben unheilig, d. h. zu keinem heiligen Geschäft, wie es die Loossung war, tauglich. So bleiben für diese ausser den genannten nur noch von Hartbäumen Eiche und Buche übrig, die

---

1) Grimm Myth. 1069.
2) Vgl. mhd. sâze insidiae Hinterhalt. Ausserdem Sophocl. Antig. 998.
3) Myth. 1060.

beide Eckern d. i. Frucht, goth. akran καρπός tragen. Hierüber gibt Grimms Gramm. 3, 377. RA. 506. 507. Myth. 617. 1185. 1187 die nötige Auskunft. Die Stäbchen wurden nun durch gewisse Zeichen, notis quibusdam, unterschieden, also jedes Stäbchen mit einer nota versehen und dann mit einander temere ac fortuito auf ein weisses Tuch hingestreut. Worauf wenn in öffentlicher Angelegenheit das Looss befragt werden sollte, (so hat Fr. Ritter das si publice consuletur richtig verstanden,) der Ewart der Gemeinde, wenn aber in häuslicher, der Hausvater selbst nach einem Gebet an die Götter, zum Himmel aufblickend dreimal eins, ter singulos, aufnahm und die er aufgenommen, dann nach dem vorher eingeprägten Zeichen auslegte. So verstehen Orelli und Döderlein[1]) die Stelle mit Recht, dass im ganzen nur drei Loosshölzer, jedes für sich und eins nach dem andern, aufgehoben wurden. Dagegen meint jedoch Hr. Ritter dass ter singulos tollit nicht soviel sein könne, als tres deinceps tollit; allein er scheint hier des römischen Einmaleins ebenso uneingedenk zu bleiben, wie zu Cap. 40 der Feminina auf-us vierter Declination; denn wenn non didicit bis bina quot essent heisst: er weiss nicht, dass zweimal zwei vier ist, so hiesse ter singula hier soviel als dreimal eins sind drei, Zumpt lat. Gramm. §. 119. Doch weil man nicht immer wissen kann wo die Römer den bestimmten Artikel gefühlt haben, und wo nicht, muss man einräumen dass grammatisch und ausser ihrem Zusammenhang die Worte ter singulos tollit sehr wohl auch das bedeuten können, was Hr. Ritter will, dass nemlich sämmtliche Stäbchen dreimal, eins nach dem andern, von dem loossenden aufgenommen seien. Aber dabei tritt hier sogleich der Uebelstand ein dass man, wie Ritter meint, nicht nur ergänzen muss, sie seien ebenso oft hingeworfen, sondern auch dass ebenso oft dabei gebetet worden. Zur Unterstützung dieser Erklärung lässt sich auch die aus Cäsar de b. gall. I, 53 angeführte Stelle nicht gebrauchen wo der aus der Gefangenschaft der Sueven gerettete Valerius Procillus erzählt: se praesente, de se ter sortibus consultum, utrum igni statim necaretur an in aliud tempus reservaretur; sortium beneficio se esse incolumem. Denn da das dreimalige Hinwerfen und Aufgreifen der Loosse im Grunde doch nur Eine Operation wäre, um Eine Entscheidung herbeizuführen, so müsten entweder Procillus oder Caesar die Sache ungenau aufgefasst haben, oder aber es ward an drei verschiedenen Tagen über jenen das Looss geworfen, nach der Regel, die Tacitus angibt: si prohibuerunt, nulla de eadem re in eundem diem consultatio. Mit mehr Schein hätte Hr. Ritter für seine Meinung eine bekannte Stelle aus Alcuins vita des heiligen Wilibrord anführen können, wo Cap. 10 vom Friesenkönig Radbod erzählt wird: nimio furore succensus in sacerdotem dei vivi suorum injurias deorum ulcisci cogitabat et per tres dies semper tribus vicibus sortes suo more mittebat, et nunquam damnatorum sors, deo vero defendente suos, super servum dei aut aliquem ex suis cadere potuit,

1) Früher auch andre, Becker Anmerkungen p. 65. Müller altd. Rel. S. 55. cet.

nec nisi unus tantum ex sociis sorte monstratus martyrio coronatus est. Die Stellen beweisen aber immer nur, dass die Dreizahl für die Loossung von besonderer Bedeutung war: hatte das Looss dreimal, mochte dies nun an einem und demselben oder an drei Tagen geschehen, für den Procillus oder doch nicht wider ihn entschieden, so konnte er seines Lebens einstweilen ebenso sicher sein, wie der heilige Wilibrord und seine Genossen nach je dreimal an drei Tagen vollzogner Loossung. Hätte aber Tacitus bei den Worten ter singulos tollit an ein solch dreifaches Verfahren gedacht, würde er nicht gleich aus dem unmittelbar vorhergehenden tollit das Particip sublatos wiederholt, sondern dafür mit der einfachen Conjunction sich begnügt haben, die jetzt ganz fehlt. Diese Wiederholung des Particips spricht ganz entschieden für die Meinung, dass aus der hingeworfenen M e n g e der Stäbchen nur e i n i g e aufgegriffen und ausgelegt wurden. Dann auch das secundum impressam ante notam interpretatur selbst.

Hr. Ritter macht aus den surculis sonderbarer Weise Würfel und zieht die Stelle des Saxo p. 827 (Müller.) über die bei den wendischen Rugianen gebräuchliche Loossung herbei, die durch den Wurf von drei auf der einen Seite weissen, auf der andern Seite schwarzen Stückchen Holz geschah und zwar so dass die weissen Seiten eine gute, die schwarzen böse Bedeutung hatten. Dies ist allerdings ein blosses Würfelspiel, aber Würfel hebt man nicht auf um sie zu interpretieren, sondern sieht zu wie sie gefallen. Aber gesetzt auch dass die Stäbchen, die man hinwarf, schwarz oder weiss bezeichnet, oder wie Rühs und nach ihm Orelli und Döderlein annehmen, blosse Kerbhölzer waren, nur durch zweierlei Arten von Zeichen, eins der Zustimmung und eins der Verneinung, unterschieden (Becker Anmerk. p. 65.), so würden sie alle mit einander aufgenommen, wie Hr. Ritter will, entweder gar keine Entscheidung gegeben oder diese ganz von der Willkür des Loossenden, oder wer für diesen die Loosse schnitt, abgehangen haben. Nun aber waren sämmtliche Stäbchen durch gewisse Zeichen unterschieden und die impressa ante nota bedurfte einer interpretatio, die für Kerbhölzer gewiss so wenig erforderlich war als für Würfel, die gleichsam selbst entscheiden. Daraus folgt dass ebenso viele besondere Zeichen da waren, als Stäbchen bei der Loossung gebraucht wurden. Es müssen aber auch die Zeichen, (nicht ohne Grund hat Tacitus den Ausdruck n o t a gewählt,) da die Loossung nicht nur allgemein im Volke gebräuchlich und bekannt, sondern auch von besonders religiöser Art war, eine bestimmte allgemeingiltige, nach der Art dieser Dinge traditionelle Bedeutung gehabt haben. Dies setzt die interpretatio voraus, die nur so möglich ist, aber notwendig war wo es die Anwendung auf einen besondern Fall galt. Für alles dies reichen blosse Kerben oder dergl. nicht mehr aus. Man darf aber nun auch den Satz dass die Zahl der Zeichen der Anzahl der Stäbchen entsprochen habe umkehren, und sagen dass eben nur so viele Stäbchen bei der Loossung gebraucht wurden, als Zeichen vorhanden waren. Die Zahl der

Zeichen stand fest, sowie die Form und Gestalt jedes einzelnen, wenn ihre Bedeutung bestimmt war und sie eine Auslegung zuliessen. Stand aber ihre Form und Anzahl fest, so gewis auch ihre Ordnung. Und nun könnte man wohl noch bei Ritters Erklärung des ter singulos tollit auf den Gedanken kommen, dass eben die zufällige Ordnung und Folge, in der die surculi notis quibusdam discreti, temere ac fortuito hingeworfen und dann einzeln nach einander aufgenommen erschienen, einer Auslegung Raum gegeben hätten, und dieser Ansicht ist der Norweger Munch, Nordm. Gudelære S. 146. Allein dies entspräche wenig der gerühmten Simplicität des Verfahrens. Der Willkür der Combination wäre Thor und Thür geöffnet, gerade wo eine bestimmte Entscheidung vom Zufall gefordert wird. Damit aber glauben wir ist auch die Reihe der Möglichkeiten so ziemlich erschöpft und wir gelangen zu dem Schlusse, dass die zuletzt von Döderlein behauptete Erklärung des ter singulos tollit die allein richtige und haltbare ist; wenn aber unsere Folgerungen, wonach die impressae notae ganz die Natur eines Alphabets haben, Stich halten, so gelangt man zu dem Schluss dass dies eben Runen waren.

Runen mochten Tacitus und die Römer überhaupt mit um so grösserm Recht notae nennen, weil wie Liliencron nachgewiesen daraus erst durch den Einfluss des römischen oder griechischen Alphabets eigentliche Schrift- und Lesezeichen, litterae, geworden sind; ursprünglich waren sie nur notae characteristicae, Anlautzeichen. Das Etymon des Worts, das Grimm (Myth. 1174) zuerst aus dem altn. raun experimentum, reyna temptare richtig erkannte und als Verbum riunan raun runum ansetzte, hatte aller Wahrscheinlichkeit nach auch die Bedeutung scrutari experiri temptare. Ebenso sind hlauts sors ahd. hlôz und altn. hlutr ahd. hluz sors aus dem Verbum hliutan hlaut hlutum sortiri ahd. hliozan gebildet. Darnach ist rûn, rûna das geheimnissvolle der interpretatio bedürftige Zeichen, und aus dieser Bedeutung, sowie aus dem Gebrauch der Runen erklären sich leicht die davon abgeleiteten Bedeutungen und Wörter, durch die Grimm sich noch irren liess (S. unten S. 53.), zugleich aber ergibt sich dass das welsche rhin Geheimnis Zauber, rhiniaw mit Geheimnissen umgehen, zaubern nicht, wie man behauptet hat, die Wurzel des deutschen Worts, sondern umgekehrt eher aus dem deutschen entlehnt ist.

Die Runen wurden eingeschnitten oder geritzt; der technische Ausdruck des Nordens dafür ist rista scindere, aber daher leitet Wilh. Grimm auch mit Recht den ältesten und einzigen, allen deutschen Stämmen gemeinsamen Ausdruck für schreiben: ahd. rizan scindere scribere (Graff 2, 557. 558.), alts. und ags. writan scindere (Hèlj. 171, 17. Beov. 5406) scribere, altfries. writa, altn. rîta; vgl. goth. vrits κεραία ahd. riz apex iota nota character sulcus (Graff a. a. O.). Das goth. mêljan, das mit malen pingere nahverwandt ist, möcht ich aber nicht mit Wilh. Grimm hieher ziehen, nehme vielmehr an dass es erst die Bedeutung schreiben empfieng als den Gothen (nur diese kennen den Ausdruck in dieser Bedeutung) der Gebrauch des calamus und des atramentum bekannt wurde, wofür die Lateiner selbst auch pingere sagen; die Völker des innern Deutschlands und darnach auch die des Nordens nahmen bekanntlich dafür das gebräuchlichste fremde Wort scribere selbst auf. Ebenso verwandten die Gothen siggvan, singen, die eigentliche technische Bezeichnung für einen rhythmischen, besonders epischen Vortrag, für vorlesen und lisan hat bei ihnen, wie bei den Angelsachsen lesan, nur die Bedeutung sammeln, so dass aller Wahrscheinlichkeit nach das Wort im hochdeutschen und darnach wieder im Norden erst durch das lat. legere seine Bedeutung erweitert hat. Zur Unterstützung der von Liliencron entwickelten Ansicht dient es nicht wenig, dass gemeinsame Ausdrücke, die ein zusammenhängendes Lesen und Schreiben bezeichnen, den deutschen Stämmen fehlen. Denn wäre das Schreiben der Runen auf Holztafeln oder dergl. nicht erst später aufgekommen, als man die Zeichen zu Wörtern verbinden lernte, hätte man früher nicht sich begnügt die Zeichen einzeln auf Stäbe, wie es scheint, besonders auf Buchenstäbe einzuschneiden, so wäre die gemeine Benennung der einzelnen littera nie ahd. rûnstab ags. rûnstäf altn. rûnastafr oder ahd. buahstab ags. bôcstäf altn. bôkstafr gewesen, noch auch würde das goth. Femininum bôka im Singular nur die Bedeutung γράμμα und erst im Plural bôkôs die von Schrift Buch überhaupt haben. Offenbar ähnlich (auch rûnstab buohstab bôcstäf bedeutet Schrift, litteratura, W. Grimm Runen S. 72) verhält es sich mit unserm B u c h. Im ahd. alts. ags. urᵈ ᵒltn. ein Femininum, daneben im ahd. auch Masculinum und regelmässig hie   ᵈ im alts., wie später auch im nordischen, im Plural Neutrum, hat das Wort, das auch im ahd. schon im Singular neutrum ist, eine collectivische Bedeutung erhalten; daher das Schwanken des Genus ins Neutrum; die ursprüngliche Bedeutung ist wohl überall γράμμα, dann Kunst und Kenntnis des buchstabens, des Einschneidens und Lesens der Zeichen, die litteratura und das Alphabet, endlich scriptum libellus liber. Auch würde Ulfilas nie das abstracte στοιχεῖον durch stabs übersetzt haben, wenn ihm, dem Gothen, nicht schon in der Schule die στοιχεῖα, die elementa litterarum Stäbe geheissen hätten. So zielt alles was wir bei Tacitus an unserer Stelle lesen auf die Technik der ältesten Schrift hin: die notae impressae, die surculi notis discreti und die arbos frugifera, ja selbst das interpretari, wenn anders die Erklärung von rûna richtig.

Dass die von Tacitus beschriebene Loossung mit der Rhabdomantie der alten Völker verwandt ist, hat W. Grimm gezeigt. Dazu gehört auch die Kleromantie der Griechen (Herrmann gottesd. Alterth. 39, 15. 16). Nur ist es nicht durchweg deutlich wie weit dabei Schriftzeichen in Anwendung kamen. Nur die sortes Praenestinae, deren Legende Cicero (de div. 2, 41) mittheilt und die wie die griechischen κλῆροι in einem Tempel aufbewahrt und (was auch bei der deutschen Loossung vorkommt) von einem Knaben gezogen wurden, heissen in robore insculptae priscarum litterarum notis. Und Finn Magnusen (Runamo S. 135) führt an dass bei den Persern geweissagt wird, indem man aus mehrern kleinen mit Schrift bezeichneten Stäbchen einzelne aufgreift und diese dann mit gewissen Figuren in einem Buch, die man ebenso zufällig auswählt, zusammenhält. Derselbe theilt auch aus Barrows Reise eine Nachricht über die Loossung der Chinesen mit: auch diese gebrauchen dazu kleine mit Characteren versehene Stäbchen, die in einem Holzbecher auf dem Altar jedes Tempels stehen; geschüttelt bis eins herausfällt, wird das darauf befindliche Zeichen in einem an der Wand des Tempels hängenden Buche aufgesucht; kommt dreimal hinter einander ein glückliches Zeichen, so ist das Orakel dem Frager zu Gunsten ausgefallen. Ein ähnliches Verfahren setzen wohl die Loossbücher des spätern Mittelalters voraus. Statt des Buches liesse sich nun leicht ein mit sämmtlichen Runen in ihrer herkömmlichen Ordnung und Gruppierung versehener Stab, ein altn. rùnakefli, denken; aber sobald die Zeichen einfach und eine allgemein anerkannte Bedeutung hatten, wie wir dies bei den notis impressis des Tacitus doch annehmen müssen, würde jenes Verfahren hier angewandt nur die Zurückführung der Rune auf ihre alphabetische Stelle ergeben. Dass die notae impressae der Loosstäbe Runen waren, Runstäbe bei der Loossung von unsern Alten gebraucht wurden, dafür lässt sich, soviel ich weiss, kein directes Zeugnis beibringen. Wohl ist es zu beachten, dass der der altsächsischen Zustände wohl kundige Rudolf von Fulda im neunten Jahrhundert die taciteische Nachricht für die Altsachsen wiederholt, indem er mit Vorbedacht, da die Sachsen inzwischen bekehrt waren, das Praesens der Verba ins Praeteritum und was schon Waitz mit Recht hervorhob, den sacerdos civitatis in einen sacerdos populi veränderte; ob er aber bei den notis an Runen gedacht, muss dahingestellt bleiben. Es bedarf daher noch einer genauern Untersuchung der übrigen ältesten Nachrichten über die deutsche Loossung, ehe man hier den Gebrauch der Schriftzeichen mit voller Zuversicht behaupten kann; wie sehr auch Parallelen und sprachliche Gründe schon dafür sprachen.

————————

Schon Wilh. Grimm hob den Tit XIV der lex Frisionum heraus. War in einem Auflauf ein Mensch getötet und der Thäter nicht auszumitteln, so sollten sieben des Mordes angeklagt werden und dann zuerst ihre Unschuld, jeder mit zwölf guten Mannen, beschwören. Darauf wurden sie in die Kirche geführt und zwei Loosse, duo tali de virga praecisi, quos tenos vocant, von denen das eine mit dem Zeichen des Kreuzes versehen, das andre unbezeichnet war, wurden mit weisser Wolle umwickelt auf den Altar, oder fand etwa die Handlung nicht in einer Kirche statt, im Gericht auf die Reliquien gelegt. Der Priester und war dieser nicht zugegen, ein unschuldiger Knabe hob dann nach einem Gebet eins von diesen Loossen auf: das mit Kreuz bezeichnete sprach die Angeklagten frei, kam aber das andre heraus, so musste jeder der sieben sein Loos machen, nemlich einen Zein (ein Stäbchen) von einer Ruthe mit seinem Zeichen zeichnen, signet signo suo, ut eum tam ille quam caeteri qui circumstant cognoscere possint, worauf das vorher beschriebene Verfahren soweit wiederholt ward, dass nun alle Loosse nach einander aufgenommen und jedes dem, der es als das seine anerkannte, zugestellt wurde, bis das zuletzt übrig bleibende seinen Inhaber des Wergeldes schuldig machte. Hier ist der erste Theil der Nachricht minder merkwürdig als der zweite. Denn da das Zeichen womit jeder sein Looss versah nicht das unter den ältern Urkunden ausschliesslich gebräuchliche signum crucis sein kann und erst nach mehrern Jahrhunderten Siegel von Privatpersonen vorkommen [1]), so muss es doch wohl den Hausmarken ähnlich gewesen sein, deren sich der norddeutsche und nordische Landmann noch heute bedient zur einfachen Bezeichnung seines Eigenthums an Thieren und Geräthen, früher auch häufig im sechszehnten und siebzehnten Jahrhundert statt der Namensunterschrift in Urkunden, wie auch auf Siegeln. Das isländische Gesetz, die Grâgâs (2, 370. 377) schreibt vor dass jede Harpune (skot) eines Walfischjägers im Eisen oder Holz mit einer vor dem Althing legitimierten Marke (mörk) ihres Eigenthümers versehen sei, damit darnach bei einem Streit, wer einen Fisch erlegt und wem dieser gehöre, entschieden werden könne. Sie schreibt ferner in dem Capitel um hlutföll (de sortitione; 1, 37) vor, dass alle, die auf einem Thing einen Process zur Entscheidung bringen wollen, am Gerichtstage ihre Loosse zusammen auf ein Tuch werfen sollen, dass vorher aber jeder sein Looss gemerkt habe: hverr madr scal merkia hlut sinn oc bera alla saman i skaut (mhd. schôze, vgl. die candida vestis bei Tac.); dann sollen vier Loosse zur Zeit aufgenommen werden (taka upp) und die Processe der Inhaber dieser Loosse zuerst vorkommen nach der Ordnung, die das Looss ausgewiesen; ein Verfahren, das was die erste Vorschrift für den besondern, häufig streitigen Fall zur Sicherung der Entscheidung fordert, voraussetzt, dass nemlich jeder sein anerkanntes besonderes Zeichen habe. Dass dies das altn. bûmark dän. bomærke war, kann nicht zweifelhaft sein, da die Hausmarke überhaupt nur Zeichen der Person ist. Man vergleiche noch die norwegische Bestimmung (Gulath. Leg. p. 286), dass bei der Theilung eines Odelguts jeder Theilhaber sein Looss auf ein Tuch legen (scal i skaut bera) und gute Männer dann die Loosszeichen (mark theirra hluta) ansehen sollen, um hernach bei der Loossung zu wissen, welcher Theil des Gutes jedem zugefallen; wenn aber (p. 288) einer der Theilhaber bei der Theilung abwesend ist, so sollen gute Männer sein Looss werfen ungemerkt (kasti hlut thriots ûmarkadom), während von den übrigen Theilenden jeder sein Looss selbst merkt (merki hann sin hlut siâlfr). Mit diesen Handzeichen und Hausmarken mögen die Merkzeichen der Steinmetzen, Künstler und Kaufleute zusammenhängen. Die zufällige, oft sehr überraschende Uebereinstimmung der Hausmarken [2]) mit Runen kann freilich ihre Herkunft von diesen nicht beweisen; wenn es aber gewiss ist dass in Schweden noch sehr spät, in Dalekarlien vielleicht noch

---

1) Vgl. Ducange s. v. Signum, de Wailly Éléments de paléographie 1, 238. 240.

2) S. die Tafeln zum zweiten Bericht der Schlesw. Holst. Lauenburgischen Gesellschaft für Sammlung und Erhaltung vaterländ. Alterthümer 1837 und zum zwölften Bericht 1847, nebst den dort S. 20—21 und S. 7—13 gegebenen Nachweisungen.

jetzt, würklich Runen als Handzeichen vorkommen [1]), wenn ferner ein Zusatz der zweiten Recension der lex Salica zu Tit. IX, 4: Si quis animalem, caballum aut iumentum in furto pinxerit (al. lect. puncserit, Merkel p. 57 vgl. Wilh. Grimm Runen S. 66) den Gebrauch der Hausmarken in Deutschland für eine Zeit bezeugt, in der durch das gleichzeitige Zeugnis des Venantius Fortunatus neben ihnen, wie im Norden, der Gebrauch der Runen bei den Franken feststeht, so wird man eine Verwandtschaft jener mit diesen, je mehr sie im Character übereinkommen, nicht wohl in Abrede stellen können.

Ein andres Verfahren, als hier in den Gesetzen vorgeschrieben, müssen die Sachsen beobachtet haben, von denen Sidonius Apollinaris (epist. 8, 6) erzählt dass wenn sie nach einem Raubzuge in Gallien beutebeladen und mit ihren Gefangenen wieder zu Schiffe giengen, sie zuvor aus diesen jeden zehnten den Göttern zum Opfer dargebracht und dabei das Looss hätten entscheiden lassen: mos est remeaturis decimum quemque captivorum per aequales et cruciarias poenas plus ob hoc tristi, quod superstitioso ritu necare superque collectam turbam periturorum mortis iniquitatem sortis aequitate dispergere; talibus se ligant votis, victimis solvunt. Da das Looss in einem solchen Fall nur den Zweck haben kann den der Gottheit genehmen auszuzeichnen, so muss man diese Worte so verstehen als stünde der zweite Infinitivsatz vor dem ersten. So wäre das einfachste Verfahren etwa dies gewesen, unter einer der Menge der Gefangenen entsprechenden Anzahl von Loossen je das zehnte mit dem Todeszeichen zu versehen und dann alle nach einander, sowie die Gefangenen einzeln vorgeführt wurden, unter Anrufung und Beschwörung der Götter und andern Weihegebräuchen, durch den Priester oder einen Knaben aufnehmen zu lassen. Auf diese Weise mögen auch die friesischen Knaben zum Opfer ausgeloosst sein, wovon die Vita Wulframni c. 6. 7. 8 (act. Bened. saec. 3. p. 343. 344) drei Beispiele anführt. Denn wer die formelhaften Ausdrücke in einer Stelle der angelsächsischen Andreaslegende (v. 1100 — 1105) ins Auge fasst, wird nicht zweifeln dass das gemutmasste Verfahren würklich zur Anwendung kam. Es wird hier erzählt dass im Lande Mermedonia eine furchtbare Hungersnoth ausgebrochen: alles Volk versammelt sich auf der Dingstatt und das Looss wird geworfen wer von ihnen zuerst den andern zum Frasse sterben soll:

lêton him thâ betweonum tân wîsian
hwylcne hira ærest ôðrum sceolde·
tô fôddurthege feores ongildan·
hluton hellcräftum, hæðengildum,
teledon betwinum: thâ ṣe tân gehwearf
efne ofer ænne ealdgesîða.

d. h. wörtlich: sie liessen da unter einander ihnen den Zein (Loosszweig) weisen wer von ihnen zuerst, den andern zur Nahrung, des Lebens sollte

---

3) Geijer Urgesch. Schwedens S. 141.

entgelten; sie loossten mit höllischen Künsten, mit heidnischen Bräuchen [1])
sie zählten unter einander (oder unter den Loossen): da ergieng der Zein
gerade über einen der Vornehmen cet. Se tân gehwearf ofer, der Zein gieng
über ihn, ist gewis eine alte Formel, die schon in heidnischer Zeit von dem
durch das Looss gewiesenen Opfer galt. Ulfilas übersetzt Luc. 1, 9 ἔλαχε
τοῦ ϑυμιάσαι durch hlauts imma urrann du saljan, das Looss kam für ihn
heraus. Dass aber dort eben nur Ein Looss mit dem Todeszeichen versehen
war, erhellt nicht nur aus dem Singular in tân wislan und dann se tân,
sondern auch aus dem teledon betwinum, sie zählten darunter, was nur so
verstanden werden kann, (sowie auch die hellcräftas und die hædengild,)
wie vorhin zur Stelle des Sidonius Apollinaris vermutet ward: gemeint ist
die successive Vertheilung der Loosse, bis auf das Erscheinen der sors fata-
lis. Waren nun die übrigen etwa unbezeichnet, so konnte diese sors auf
sehr verschiedene Weise kenntlich gemacht sein [2]). Waren aber die Stäbe
durch Runen unterschieden, was nach den gebrauchten Ausdrücken, die
jedesfalls auf heidnische Formeln deuten, nicht so unwahrscheinlich ist, so
muste eine Rune das bestimmte Todeszeichen sein. Das ags. Runenlied sagt
von der Rune Ear:

> Ear ist ein Schrecken der Männer jeglichem,
> wann unaufhaltsam das Fleisch beginnt
> als Leiche zu erkalten, die Erde zu erwählen
> bleich zur Bettgenossin: Freuden zerfallen,
> Wonnen schwinden, Bündnisse werden gelöst.

Aber diese Rune ist nur differenziert aus dem Zeichen für T [3]), das einen
Speer oder Pfeil vorstellend ahd. tac dies, ags. tîr gloria, aber bei den Gothen (Kirchhoff S. 18) und Nordmannen noch nach dem Kriegsgott Tius altn.
Týr heisst, der zugleich Todesgott war [4]). Muss die ags. epische Formel
tîres tâcen gloriae signum, tire tâcnian (Grimm zu Elene 753, Myth. 182)
von der Rune hergeleitet werden, die ihre Kraft und Bedeutung vom Gotte
hatte, so kömmt man auch leicht auf den Gedanken, den ganz ähnlichen,
mhd. epischen Ausdruck des Tôdes zeichen (Nib. 928, 3. 939, 3. 2006, 1.
Mythol. 807) auf dieselbe Weise zu erklären.

---

1) Durch hædengild eig. idololatria, Heidenopfer Opferdienst übersetzt auch Älfrêd pa-
raphr. p. 143 Bedas altaria paganici ritus. Im Evang. Marc. 3, 29 bedeutet es sogar
Gericht; vgl. Graff 4, 191 ahd. gelt caerimonia.

2) Rühs S. 330 führt aus Dreyers verm. Abhandlungen 2, 875 noch den Fall an dass das
Gericht auf der Insel Femern im J. 1450, um herauszubringen wer von sechs Dieben bei
einem nächtlichen Einbruch die Hausfrau genotzüchtigt, sechs Stöckchen, ein schwarz-
bemaltes und fünf weisse, mit Weihwasser besprengt von den Dieben aus einem Topf
habe greifen lassen, damit der schwarze Stab den Thäter anzeige. — Fémarn war
nach der Verwüstung durch Erich den Pommer 1419 grossentheils von Ditmarschern
wieder bevölkert.

3) Obgleich Liliencron oben S. 15 Anm. eine andre Ansicht darüber vorträgt.

4) Schmidts Zeitschrift für Gesch. 1847. 8, 255.

Aber welcherlei Zeichen man hier auch für das entscheidende Looss gewählt haben mag, soviel leuchtet aus dem Gesagten ein dass es zwei verschiedene Arten der Ausloossung gab, die je nach den Umständen zur Anwendung kamen: entweder zeichnete jeder seinen Loosstab mit seiner Marke, dann entschied das zuerst gezogene oder das zuletzt übrig bleibende Looss; oder es war unter den Stäben, deren Menge der Anzahl derjenigen entsprach, aus denen einer oder mehrere herausgelesen werden sollte, einer oder einige mit einem anerkannt entscheidenden Zeichen versehen. Was Beda (histor. eccl. V, 11) und nach ihm Älfred von der Wahl eines altsächsischen Herzogs sagt: Satrapae genti praepositi ingruente belli articulo mittunt aequaliter sortes (hluton hi mid tànum, Älfr.) et quemcunque sors ostenderit (se tàn ätŷwde, Alfr.), hunc tempore belli ducem omnes sequuntur, dies lässt zunächst an ein der zweiten Art ähnliches Verfahren denken, aber es ist auch möglich dass das andre zur Anwendung kam. Das schottische Volkslied von Fause Foodrage gewährt zwei ähnliche Fälle, bei denen dieselbe zwiefache Möglichkeit bleibt, nebst anderm merkwürdigen, weswegen ich hier die Stellen anführe:

And they cast kevils them amang,
And kevils them between;
And they cast kevils them amang,
Wha suld gae kill the king.

Und weiterhin:

Then they cast kevils them amang,
Which suld gae seek the queen;
And the kevil fell upon Wise William,
And he sent his wife for him.

Walter Scott (Minstrelsy 2, 101. Baudry) gibt zur ersten Stelle weitere Belege für den hier gebrauchten Ausdruck, den auch Jamieson (Scott. diction.) und Brockett (Glossary of the North-Country) s. v. Cavel anführen. Da Kavel Kaveln für Looss loossen (Kaveling portio) am Niederrhein und in ganz Niederdeutschland gebräuchlich ist, das nord. kefli (womit rûnakefli zusammengesetzt) und schwed. kafle aber nur einen Stab überhaupt bedeutet, so sieht man nach dem Vorkommen des Ausdrucks in Schottland und Northumberland, wie alt er für die Sache sein muss (W. Grimm Runen S. 307, Rühs Germania S. 330); doch wie im schottischen dem kevilfall ein kevilkast, so entspricht nur im nordischen dem hlutfall ein hlutkast.

Ein ganz anomales Verfahren scheint eine Stelle am Schluss der Völuspå vorauszusetzen, wo es heisst dass Hœnir nach dem Weltuntergang wird den Loosszweig wählen können, hlutvið kiosa. Da Hœnir zu den ältern Göttern gehörte, die in dem System der odinischen Religion, um es kurz zu bezeichnen, zurückgetreten, so soll jene Verkündigung der Vala wohl nur aussagen, dass er bei der künftigen neuen Ordnung der Dinge seine vorige, vielleicht gar höhre Stelle einnehmen wird. Auf jeden Fall vergleicht sich sein Loosszweig mit der Rune, die Ôdinn nach dem Hávamál bei der Erfindung der Runen allein für sich und sein Weib zurückbehielt und mit keinem andern theilte. Dies ist die Rune seiner Macht und Weisheit, die die höchste war, der keine andre gleichkam; und so ist auch der hlutviðr Hœnirs künftige Macht und wir dürfen mit Zuversicht schliessen, dass ebenfalls eine Rune auf dem Zweig sie anzeigen sollte.

Allein weder die eine noch die andre jener Arten zu loossen scheint für den vorhin aus dem Leben des heiligen Wilibrord angeführten Fall zu passen. Dreimal täglich an drei Tagen wurden hier die Loosse geworfen et nun- quam damnatorum sors super servum dei aut aliquem ex suis cadere po- tuit, nec nisi unus tantum sorte monstratus martyrio coronatus est. Diese Worte enthalten freilich einen offenbaren Widerspruch, immer aber bleiben acht Male dass die Loosse die Gefangenen freisprachen, so dass man anneh- men muss: entweder ward ein doppeltes Verfahren, ähnlich wie in der lex Frisionum für einen andern Fall angegeben wird, beobachtet, es ward zuerst wegen der Gefangenen insgesammt die Frage gestellt ob die Gottheit einen von ihnen zum Opfer verlangte oder nicht, und dann als die Antwort ein- mal bejahend ausfiel, der eine der den Märtertod litt auf die zuletzt erörterte Weise, durch ein tân wîsian (sorte monstrare) ausgeschieden; oder aber es ward für jeden einzelnen dreimal täglich die Frage auf Ja oder Nein gestellt, und nur einmal entschied das Looss ungünstig. Die Antwort konnte mög- licher Weise, wie in dem analogen Fall des Gesetzes, oder wie bei den Rugia- nen, durch zwei oder mehrere ungleiche Loosse gefunden werden. Dies Verfahren reichte vielleicht auch beim Valerius Procillus aus, wenn für ihn die Frage lautete ob er sogleich, den Göttern zum Opfer, verbrannt oder für eine andre Zeit aufgespart werden sollte. Allein Caesar gibt auch kurz vor- her an dass bei den Germanen die Sitte herschte, ut matres familiae eorum sortibus et vaticinationibus declararent utrum proelium committi ex usu esset, nec ne; worauf damals die Antwort war: non esse fas Germanos su- perare, si ante novam lunam proelio contendissent. Und die Götter, erzählt Hymisq. 1, rüsteten ein Festgelag zu, sie schüttelten die Zeine und schauten ins Loossblut,

hristu teina ok â hlaut sâ,

da fanden sie dass OEgirn, dem Meergott, sein Braukessel fehle. Jenes hlaut, grammatisch ganz genau dasselbe Wort mit unserm hochdeutschen Looss, ist, wie Wilh. Grimm bemerkt, das im hlautbolli, dem Opferbecken aufgefan- gene Blut des geschlachteten Opfers, aus dem auch nach Strabo die altgrei- sen Weiber der Kimbern weissagten [1]). Die Loossung muss darnach so ge-

---

1) Hieher gehört, auch in andrer Beziehung, eine Stelle aus Snorris Saga Hakon. god. c. 16: bei den Opfern wurden alle Arten Kleinvieh, sowie auch Rosse geschlachtet und alles Blut davon hiess hlaut und hlautbollar das worin dies Blut stand, und hlaut- teinar, die waren so gemacht wie Sprengwedel, damit sollte man bestreichen (rioða, röthen) alle Gestelle der Götterbilder (stallana, Uhland Thôr S. 37. 38), so auch die Tempelwände aussen und innen, auch mit dem Blut die Leute besprengen. — Hieraus ist deutlich dass der hlauttein nichts mit dem blôtspân und dem gambantein (s. unten)

wöhnlich beim Opfer gewesen sein, dass wir sie hinzudenken dürfen, wenn z. B. vom Halfdan dem Alten (Fornald. S. 2, 8) erzählt wird: als er die Regierung antrat, hielt er ein grosses Opfer um Mitte Winters und opferte (blótaði) darum dass er dreihundert Jahr, wie es von Snæ dem alten erzählt wurde, herschen möchte, worauf das Orakel sagte (en frêttin, eig. percontatio interrogatio, sagði) dass er nicht länger als ein Menschenalter leben, aber in dreihundert Jahren auch nicht ein berühmter Mann, noch auch ein Weib (gleich ihm), in seinem Geschlecht sein sollte. Zwei andre Beispiele dienen zur Erläuterung. Heidreks S. c. 11 (Fornald. S. 1, 451): Zu der Zeit war in Reiðgotaland grosser Miswachs, so dass es zur Verödung des Lands zu kommen schien; da wurden Loosse gemacht von weisen Männern und der Opferspan dabei gefüllt: vóru thà giörðir hlutir af visendamönnum, ok feldr blótspánn til, en svâ gèkk frèttin, und so ergieng das Orakel dass nicht eher wieder ein gutes Jahr in Reiðgotaland kommen würde, als bis der vornehmste Knabe im Lande geopfert. Gautreks S. c. 7 (Fornald. S. 3, 31): König Vikar segelte nordwärts von Agðir nach Hördaland und bekam heftigen Gegenwind; da fällten sie den Span um günstigen Wind und es fiel so, dass Ôdinn einen Mann verlangte der ihm zum Opfer aus der Mannschaft durch das Looss bestimmt und gehängt werden sollte: their feldu spân til byrjar ok fèll svâ at Ôdinn vildi thiggja man at hlutfalli at hânga or herinum; worauf sie die Loossung vornehmen, offenbar nach der ersten, für die Auslossung im nordischen Recht gebräuchlichen Weise; denn es heisst: ok kom upp hlutr Vikars konûngs, es kam heraus das Looss König Vikars. Zu diesem fella blótspân, projicere oder concidere virgam sacrificam, vergleiche man noch die schon von Wilh. Grimm (Runen S. 304. 305) aus der livländischen Reimchronik gesammelten Stellen über die Loossung der Kuren und Samaiten, wo die Ausdrücke und Formeln: im was der span gevallen wol, der bluotekirl (altschw. blôtkarl ἱερεύς) der warf sîn lôz, er bluotete alles mite ein quec (er opferte dabei ein Vieh, um darnach dem Volk den Sieg zu weissagen) so sehr mit den nordischen übereinstimmen, dass die in der Mythologie S. 33 ausgesprochene Vermutung wohl nicht ganz abzuweisen ist.

Eine Reihe der lehrreichsten Fälle gewährt endlich die Vita Ansgarii. Cap. 18 wird von einem Schweden, der an der Vertreibung des Bekehrers Gauzbert theilgenommen, erzählt, dass er hinterher den Zorn der Götter zu fürchten angefangen: qua de re, sicut moris est ibi, quendam adiit divinum, rogans ut cuius dei offensam haberet sorte perquireret et qualiter eum placare deberet ipsi indicaret. Agens itaque ille quae circa cultum huiusmodi observare solebat, omnes deos illorum ipsi placatos esse respondit, deum vero christianorum illi omnimodis infensum. Cap. 19 räth der König Anund den Dänen bei ihrem Angriff auf den reichen Handelsplatz Birca

---

gemein hat, als die Wortbedeutung. Möglich aber wäre dass die von den Göttern in OEgisdr. geschüttelten Zeine hlautteinar waren.

(Biarkö, die Hafenstadt von Upsala), ut sorte perquirerent utrum voluntate deorum locus ipse ab eis devastandus esset. „Multi, inquit, ibi sunt dii potentes et magni, ibi etlam ecclesia olim constructa est et cultura Christi a multis ibi christianis excolitur, qui fortissimus est deorum, et potest sperantibus in se quoquo modo vult auxiliari. Necessario ergo quaerendum est, utrum divina ad hoc voluntate incitemini." Quod illi, quia sic apud eos moris erat, nequaquam abnuere potuerunt. Quaesitum est igitur sortibus et inventum, quod cum sua hoc prosperitate nullatenus perficere possent. — Iterum quaesitum est in quam partem ituri essent ubi sibi pecuniam acquirerent, ne forte vana spe frustrati ad sua vacui remearent, ceciditque sors quod ad urbem quamdam longius inde positam in finibus Slavorum ire deberent. — Als Ansgar selbst nach Schweden kam und einen König Olaf um Aufnahme bat, antwortet ihm dieser cap. 26, dass er zuerst darum seine Götter durch das Looss befragen, dann auch einen Beschluss des Volks einholen müsse. Beides geschieht c. 27: rex, congregatis primo principibus suis, de hac patris nostri legatione cum eis tractare coepit. Qui sortibus quaerendum statuerunt, quae super hoc deorum esset voluntas. Exeuntes igitur more ipsorum in campum, miserunt sortes ceciditque sors quod Dei voluntate christiana religio ibi fundaretur. — Endlich c. 30. Nach einer längern vergeblichen Belagerung der Stadt Pilten in Curland, cum quid sibi agendum esset, nimium turbati (Sueones) omnimodis nescirent, quaerendum sortibus statuerunt, utrum dii eorum eis vellent auxiliari, ut vel victoriam caperent vel vivi inde evaderent. Missis itaque sortibus, neminem deorum qui eis subsidio esse vellet repperire potuerunt.

Aus dieser Uebersicht ergeben sich nun leicht zwei Hauptarten der Loossung, jede mit ebensoviel Unterarten. Der ersten, die nur als Mittel dient um einen oder mehrere aus einer grössern Menge auszuscheiden, geschieht bei Tacitus keine Erwähnung. Wir fanden aber dass selbst bei dem einen Modus der Ausloossung wenigstens runenähnliche Zeichen zur Anwendung kamen, und sahen dass bei dem andern der Gebrauch der Runen, waren diese überhaupt bekannt, immer sehr nahe lag. Die zweite Hauptart, die eigentlich divinatorische Loossung ist die von Tacitus besprochene. Sie unterscheidet sich, wie die Beispiele lehren, nach der Fragstellung, ob die Frage auf Ja oder Nein lautet, oder allgemein auf einen eigentlichen Orakelspruch. Dass diese Art der Loossung, wie es nach der grossen Mehrzahl der angeführten Stellen den Anschein haben könnte, nicht allein im Norden geübt wurde, beweisen ausser Tacitus die Zeugnisse Caesars und zuletzt noch eine Stelle die Kemble (Archaeol. XXVIII, 332) aus Layamons ungedruckter, im sog. Halbsächsisch verfassten Bearbeitung der Chronik Gotfrieds vou Monmouth zuerst mitgetheilt hat und die ich hier wiederhole:

Underyetene wèren thê thinges, that theo wimon was mið childe.
thâ sende Ascanius, the was làverd and dux,

after heom yend that lond, the cûthen dweomerlâkes [1]) song.
witen he wolde thurh thǎ withercraftes,
wat thing hit wêre that theo wimon hefde on wombe.
heo wrpen heore leoten, (the scucke wes bitweonan;)
heo funden on then crefte carefule leódes,
thet theo wimon was mid âne sune: that wes a selcûd bearn. —
thô leoten wêren iworpen, and swâ hit al iwearð.

d. h. wörtlich: Sie wurden es gewahr dass die Frau schwanger war. Da
sandte Ascanius, der war Herr und Herzog, nach jenen über das Land, die
sich auf den Teufelssang verstanden. Wissen er wollte durch sie (wið hire
craftes? mit ihrer Kunst), was Ding es wäre das die Frau im Schoosse hätte.
Sie warfen ihre Loosse, (der Böse war dabei,) sie fanden an der Kraft des
unheilvollen Liedes, dass die Frau gienge mit einem Sohn: das war ein selt-
nes (wunderbares) Kind! — Die Loosse waren geworfen und so es alles
geschah. — Die Stelle ist besonders merkwürdig weil hier nicht bloss wie
bei Tacitus und sonst von einem Gebet an die Götter, das freilich auf jeden
Fall formelhaft war, auch nicht wie in der Stelle des Andreas von höllischen
Kräften und heidnischen Bräuchen im allgemeinen die Rede ist, sondern ausdrücklich der Gebrauch von Zauberliedern bei der Loossung bezeugt wird.
Dass dies nicht etwa ausschliesslich angelsächsische Sitte war, lässt die re-
gelmässige Verbindung der Loossung mit der Incantation in den Verboten der
Kirche schliessen. Weissagung und Zauber standen mit dem Opferwesen im
nächsten Zusammenhang. Für die Weissagung allein bezeugen dies nächst
Strabo von den Kimbern Ammian 14, 10, 9 und Procop de bell. goth. 2, 25,
und dürfen wir aus der nordischen Sitte eine Folgerung ziehen, so setzt die
Opferschau regelmässig die Loossung voraus, wie denn auch die Wahrsager
der Alemannen bei Agathias 2, 6, der hier noch von demselben Heere handelt, dem auch Procops Nachricht gilt, einen ganz ähnlichen Ausspruch ge-
than hatten wie einst die Frauen im Heer des Ariovist. Vollständiger lässt
die bekannte Stelle der Vita Bonifacii (Pertz 2, 343) über das Heidenthum der
Hessen und den Cultus der Donnereiche zu Geismar jenen Zusammenhang
erkennen: alii lignis et fontibus sacrificabant, alii aruspicia et divinationes, praestigia atque incantationes exercebant, alii auguria et auspicia inten-
debant diversosque sacrificandi ritus incoluerunt. Und etwas ähnliches
meint Walafrid Strabus in seiner Vita S. Galli (Act. Bened. sec. 2, 219): ho-
mines ibidem (Tucconiae) commanentes crudeles erant et impii, simulacra co-
lentes, idola sacrificiis venerantes, observantes auguria et divinationes et
multa superstitiosa sectantes. Unter die Divination aber ist hier die Loossung

---

1) Da das einfache scine phantasma spectrum, mit scucca daemon diabolus im Beov.
formelhaft verbunden, mit dem einfachen dweomor dwimor (Legg. ed. Thorpe p. 396)
gleichbedeutend ist, so wird auch dweomerlâc mit scinlâc dasselbe sein; also eigentlich auch phantasma, phantasmagoria.

mitbegriffen. In der Vita Ansgarii (s. oben S. 39) ward der sortilegus geradezu divinus genannt. In der Predigt des heil. Eligius (Myth. anh. XXIX)
werden die caragii (Nestelknüpfer) divini sortilegi und praecantatores mit einander verdammt. Im indiculus superstitionum heisst der Tit. XIV de divinis
vel sortilegis und unmittelbar vorher stehen die Verbote gegen die Opfer Li-
gaturen Incantationen und Augurien. Auch in andern fränkischen Concilienbe-
schlüssen und Bussordnungen (Poenitent. roman. 6, 4. bei Wasserschleben
p. 368; vgl. Pseudo-Theodori Poenitent. 27, 12) wird das divinare und sortiri
ganz gleichgestellt und ebenfalls das Poenitentiale Ecgberti bei Thorpe p.
380 verbindet hlytas odde hwåtunga, sortilegia vel divinationes. Nach diesen
Zeugnissen, deren Zahl leicht vermehrt werden könnte, und nach dem früher
angeführten, namentlich nach dem nord. hlaut (S. 38), muss wie zu
Caesars und Tacitus Zeiten die Loossung allgemein die gewöhnlichste Art
der Divination gewesen sein. Wenn aber dies der Fall war, so ist es auch
gewiss dass Runen dabei gebraucht wurden. Denn mag es immerhin noch
andre vielleicht vornehmere Arten der Weissagung gegeben haben, mag man
auch statt der Runen in späterer Zeit sich anderer Mittel und Zeichen bedient
haben, das Zeugnis des Hraban Maurus (W. Grimm Runen S. 82) lautet nunmehr unzweideutig: Litteras quas utuntur Marcomanni, quos nos Nordmannos
vocamus, infra scriptas habemus; a quibus originem, qui theotiscam loquuntur
linguam, trahunt. Cum quibus carmina sua incantationesque ac d i v i n a t i o -
n e s s i g n i f i c a r e procurant, qui adhuc paganis ritibus involvuntur. Wie
sollte es auch wohl anders sein? Dienten die Runen der Zauberei, wie hätten sie nicht eine gleiche Anwendung für die damit so nahverwandte Weissagung gefunden? Uebrigens wenn Ihre, Wilh. Grimm und Kemble das Zeugnis des Hraban auf die nordelbischen Sachsen beziehen, so spricht gerade der
Satz, den sie besonders für diese Meinung anführen, gegen sie. Denn nicht
von den Sachsen, sondern aus Scandinavien von den Nordmannen glaubten
seit der sog. Völkerwanderung alle deutsche Völker abzustammen, so noch
die Franken [1]) im neunten Jahrhundert, die Sachsen selbst nach Widukind
1, 2, ja die Schwaben sogar noch später (Anhang zu Goldast SS. RR. suev.
Ulm. 1727. p. 1.)

Einen zweiten Beweis für die Anwendung der Runen bei der Weissagung
und Loossung — beides ist eins nach ahd. hliozan mhd. liezen sortiri auguriari, ahd. hliozari sortilegus, hliozo ariolus, hliozå ariola — schöpfe ich aus
den mit rûna componierten Appellativen und Frauennamen. Ueber Frauennamen hat kürzlich Karl Weinhold (Die deutschen Frauen im MA. S. 8—24)
im allgemeinen gehandelt, jedoch nicht von dem Gesichtspuncte aus, von dem
hier auszugehen war. Das richtige hätte aus einem bereits im Jahr 1844 er-

---

1) Ermoldus Nigellus IV, 18 bei Pertz 2, 501.

schienenen Aufsatz in den Nordalbingischen Studien 1, 210 — 226 entnommen werden können, wieviel ich auch darin jetzt anders wünschen muss. Was Hr. Förstemann bisher über deutsche Eigennamen und sonst vorgebracht hat, ist der Art, dass es wohl in das Jahrbuch der berlinischen Gesellschaft für deutsche Sprache passt, kaum aber in Kuhn und Aufrechts Zeitschrift für vergleichende Sprachforschung. Denn es erklärt nur warum die Berliner Academie im Frühjahr 1849 dem Preisbewerber in Ansehung des eingereichten dicken Convoluts wohl die ausgesetzte Summe nebst gutem Rath und Wunsch, nicht aber den Preis ertheilte. Einer Sammlung von 6000 oder mehr Personennamen sich zu rühmen [1]) ist thöricht, führt man nicht zugleich den Beweis dass man mit Verstand Kenntnis und Sorgfalt gesammelt. Die Behauptung aber dass das Ganze der Zusammensetzung in deutschen Namen keinen schicklichen Sinn gebe [2]), und der dafür versuchte Beweis lehren zur Genüge dass wir es mit einem Anfänger zu thun haben, dem nicht einmal die deutsche Composition in ihrem ganzen Umfange hinreichend aus der Grammatik bekannt ist, viel weniger noch der Stil und Geist der alten Poesie, in dem die Namen geschaffen. Wie sehr auch Hr. Förstemann bemüht ist sich den Anschein des Gegentheils zu geben, er versteht vom altnordischen, angelsächsischen und altsächsischen so gut wie gar nichts, ja nicht einmal das mittelhochdeutsche; und doch lernen wir nur auf diesem weiten Wege unsere älteste Dichtkunst kennen. So grobe Schnitzer wie der, dass der Freitag nach einer Göttin Freia geheissen, an die nie ein Mensch geglaubt, Zweifel ob Namen, wie Thrôant oder Thrûant (vgl. ags. Thrôvendas altn. Thrændir) Weriant Helfant und ähnliche, participiale Bildungen sind oder nicht, und mehr dgl., worauf man in Hrn. Förstemanns Aufsätzen trifft, zeugen ebenso sehr von schülerhafter Unerfahrenheit und Unsicherheit in einfachen Dingen, als das Difteln über leere Möglichkeiten und die schulmeisterliche Breite trivialer Bemerkungen für den Mangel eines eindringenden Verständnisses. Hr. Förstemann ist nicht nur für seine schöne und grosse Aufgabe nicht genügend vorbereitet, es fehlt ihm dafür auch der rechte Sinn, leicht in noch höherm Grade als dem Herrn J. A. Vollmer in München und seinen Genossen, den Herren Karl Roth [3]) und Schubaur [4]) ebendaselbst. Wir würden dies Urtheil zurückgehalten oder gemildert haben, hätten wir nur die Gewisheit gewonnen, dass von Hrn. Förstemann wenigstens ein gutes Register deutscher Eigennamen, wie es die Preisaufgabe nur verlangte, erwartet werden könnte. Aber da wir für gewisse Gebiete ihn bis ins Einzelne zu controlieren sehr wohl im Stande sind, so glauben wir auch an seiner Sorgfalt und Umsicht zweifeln zu müssen, nicht bloss deswe-

---

1) Kuhn und Aufrechts Zeitschrift f. vergl. Sprachf. 1851. 2, 102.

2) a. a. O. S. 103 ffg.

3) Beiträge zur Sprach- Geschichts- und Ortsforschung. Heft I. II. München 1850.

4) Weihe-Denkmale der Urältern-Tugend. München 1851.

gen, weil diese schon einen Ueberblick der ganzen Aufgabe voraussetzt. Der gute Rath und Wunsch scheint verschwendet und es mag wohl einer jetzt dem doppelt Dank wissen, der ihn einst vor Schaden behütet. —

Das Ideal des Mannes war der Held. Dies finden wir in den Männernamen ausgedrückt und um sie recht zu verstehen, muss man wissen was unsern Alten ein Held war. So ordnet sich ihre grosse Menge zu Einem in Einem Geist erfundenen Ganzen und wird das Verhältnis der Abarten und Nebengattungen leicht und sicher bestimmt. Das Ideal des Weibes aber ist in der Mythologie in den göttlichen oder halbgöttlichen Schlacht- und Schicksalsjungfrauen ausgebildet, sowie in den mit ihnen unzertrennlich verbundnen Wald- und Wasserfrauen. Auf dies Ideal zielen die Frauennamen hin so, dass wir bei jedem der valkyrischen Natur des Weibes wenigstens eingedenk sein müssen. Für die Erklärung der Composita mit rûn hat Jacob Grimm (Myth. 1175) schon den richtigen Weg gewiesen, doch ohne eine für uns besonders wichtige Unterscheidung vorzunehmen. Er machte auf die ähnlich componierten Appellativa aufmerksam, wovon auch wir ausgehen. Im ahd. bedeutete hellirûna nach den Glossen bei Graff 2, 525 necromantia, Höllenzwang [1]), im Beovulf 324 ist helrûne persönlich Unholdin furia, nach einer ags. Glosse pythonissa und die Gothen kannten magas mulieres quas patrio sermone aliorunas cognominant, die König Filimer einst aus seinem Heer in den Wald jagte. Da Jordanes die ganze sagenhafte Urgeschichte seines Volkes aus dem Ablavius, welcher nachweislich griechisch geschrieben hatte, schöpfte und dieser auch Ulmerugi statt Hulmerugi, Ammius statt Hammius darbot, so sind die aliorunae ganz sicher mit Wackernagel in haliorunae d. i. goth. haljarunôs herzustellen. Daraus ergibt sich für rûna die persönliche Bedeutung Zauberin. Wenn es nun im Beovulf 996 von einem welcher Streit anfängt heisst: er entband (eig. löste aus ihrer Umwicklung [2]) die Kampfrune, beadorûne [3]) und dann ein entsprechender ahd. Eigenname Paturûn vorkommt, so braucht man sich nur der Streitlust der Valkyrien zu erinnern um den Namen zu verstehen, und zugleich die gleichbedeutenden Kundrûn und Hiltirûn, die sogar mit den Namen der beiden vornehmsten Valkyrien zusammengesetzt sind. Das umgekehrte Rûnhilt, altn. Rûnhildr ist auch nicht viel anders gemeint; denn eine bellona, virago vi runica praedita, was der Name aussagt, hatte die Kriegsrune. Dasselbe ist auch Rûnthrûd (cod. lauresh. vgl. Myth. 393. 394.) Wenn aber die ags. epische Benennung der Frau freoðuvebbe, die Friedeweberin, auf eine Thätigkeit göttlicher Frauen

---

1) Vgl. Helgaqv. Hiörv. 29: helstafir.

2) Sigrdrifumâl 12, Lex Frision. a. a. O. oben S. 317.

3) Vgl. Helgaqv. Hund. II, 32, wo die sakrûnar, eig. Streitrunen, noch abstracter geradezu als contentiones aufzufassen. — Im Exeter Codex 347, 20 finde ich die merkwürdige Formel searorûna gespon, die wörtlich und concret verstanden an das Kriegsgewebe der Valkyrien (sie woben und spannen Krieg und Frieden, Sieg und Tod) erinnert.

deutet, so thut dies auch Fridurûn, da überdies das Eddalied Sigrdrîfûmâl 5 die lindernde Kraft gewisser Runen rühmt. Umgekehrt ergibt Fridurûn den Mannsnamen Rûnfrid (cod. lauresh.), oder auch ein Femininum, ahd. Rûnfrit? altn. Rûnfrid, d. i. ein Friedebringer oder eine Friedebringerin durch runische Kraft. Dann ist Sigrûn, ahd. Sigirûn abermals ein nordischer Valkyrienname und im Sigrdrîfumâl heisst es:

Siegrunen sollst du schneiden, wenn du Sieg haben willst,
und sie graben auf des Schwertes Griff,
auf die Seiten einige, andre auf das Stichblatt,
und zweimal nennen Tŷr.

Daraus erklärt sich zugleich ahd. Ortrûn altn. Oddrûn, denn ort oddr ist Spitze, und so ist vielleicht auch noch altn. Geidrûn durch das ags. gâd engl. goad stimulus zu erklären, wozu wohl noch ahd. Gaido Keidrih[1]) gehört. Hingegen ist altfränk. Mûcarûna durch ahd. mûhhan grassari praedari zu deuten, wovon unser Meuchel in Meuchelmord und ahd. mûhhilswert abgeleitet.

Nach den Siegrunen gibt Sigrdrîfa dem Siegfried Vorschriften über Alerunen, ölrûnar, die er anwenden soll um sich vor Zauber zu schützen, wenn eines Andern Weib ihm den Trank reicht. Dass damit altn. Ölrûn zusammenhängt ist klar; ob dies aber ahd. Alarûn[2]), bleibe dahin gestellt, da ala- sonst nur die Bedeutung von griech. $\pi\alpha\nu\tau o$ - hat (Gramm. 2, 627). Ein goth. Aliruna ahd. Elirûn ist erst von Grimm (Myth. 375. 1175) angenommen und wäre es nachweisbar, würde es mit Ölrûn und Alarûn nicht mehr zu schaffen haben, als griech. $\ddot{\alpha}\lambda\lambda o\varsigma$ mit $\ddot{o}\lambda o\varsigma$. Da schon im ahd. (Graff 2, 523) alarûn die sächliche Bedeutung mandragora hat und Grimm den appellativischen Gebrauch, für Zauberin überhaupt, aus dem Anfang des vierzehnten Jahrhunderts nachwies, so hat das Wort auch diese Bedeutung schon im ahd. gehabt, weil man später weder das verstärkende ala-, noch auch rûn in der Composition verstanden hätte.

Nach den Bier- oder Alerunen nennt Sigrdrîfa die biargrûnar, Bergerunen, die unter Anrufung der Dise, der göttlichen Frauen, bei der Entbindnng Gebärender angewandt werden sollen. Nornen und weise Frauen kommen auch sonst, wie die Parcen, als Ilithyien. Daher leite ich nicht nur ahd. Wartrûn (parca tutelaris), sondern auch das ags. Appellativum burhrûne parca, dem wieder der ahd. Name Purcrûn[3]) entspricht. Denn burg und birg altn. biörg, womit jenes biargrûn zusammengesetzt, weisen beide auf eine schützende Gewalt und sind in Frauennamen gleichbedeutend, wenn auch meist in kriegerischem Sinne aufzufassen. Unter den nordischen Benennungen der Zauberweiber (tröllqvenna heitir) wird eine Varđrûn genannt.

---

1) Meichelb. nr. 282 c. 810, nr. 413 a. 820, nr. 449 a. 823; vgl. jedoch Grimm zu Elene 990.
2) Meichelbeck nr. 495 a. 826. Iuvav. p. 127 a. 927, p. 305 a. 1050. MB. VI, 116, 1150.
3) Meichelb. nr. 956, a. 900.

Endlich soll Siegfried noch Mahlrunen kennen, wenn er vor der Rache eines, dem er Schaden angethan, vor Gericht sicher sein will:

Die winde ein, die wickle ein,
die setz alle zusammen
auf dem Thinge, wo die Leute sollen
zu vollzähligem Gerichte (dôm) kommen.

Darauf ist vielleicht die altfränkische Dommoruna (l. Dômarûna?) bei Marini Dipl. 76 zu beziehen und ahd. Tuoma Tômaheid Tuomhilt Tuomgêr Tuompirc Tuompurc Tômrîh zu vergleichen, wobei indes die freilich abgeleitete Bedeutung fama gloria, die nicht nur das ags. dôm hat, sondern die auch im ahd. tuomheit magnificentia zu erkennen ist, zu berücksichtigen · sein wird. Im Uebrigen gewährt Sigrdrîfumál, wie es scheint, weiter keine Anknüpfung.

Allein die nordische Mythologie kennt eine Heiðrûn und es kommt der diesem genau entsprechende altfränkische Name Chaiderûna vor. Heiðrûn heisst die Ziege die oben in Valhöll an den Zweigen des Baumes Læraðr weidend aus ihrem unerschöpflichen Euter. den Meth strömen lässt, in dem alle Einherien sich täglich berauschen. Man pflegt den Namen durch das altn. heið (neutr.), was aether serenum bedeutet, zu erklären und allerdings wird dies mehrfach componiert, aber nicht in Eigennamen. Wäre diese Erklärung richtig, so wären mit Heiðrûn Chaiderûna zunächst altn. Sôlrûn, ahd. Dagrûn und Ḥimilrûn zu vergleichen, die ich angeführt finde, aber freilich bis auf Sôlrûn und altn. Dagrûn nicht zu belegen weiss. In Eigennamen gilt sonst nur das merkwürdige Wort, das goth. haidus (masc.) $\tau\varrho\acute{o}\pi o\varsigma$, ahd. heit (masc. und fem.) alts. hêd ags. hâd (masc.) ordo clerus status dignitas habitus sexus persona, altn. heið (fem.) genus gens populus bedeutet und so in Adalheid Uodalheid und ähnlichen, in altn. Lŷngheiðr Lofnheiðr Ulfheiðr (ob auch in dem ags. Masculinum Niðhâd?) die Abstammung oder die Art anzeigt[1]), während in altn. heiðfê stipendium militum, heiðmenn satellites regii und in den Namen altn. Heiðrekr und ahd. Heidfolc[2]) die (wie in unserm von Stande) gesteigerte Bedeutung ordo dignitas liegt. Das Wort drückt das ganze äusserliche und natürliche Verhalten einer Person oder Sache aus. Etymologisch mag es durch eine Wurzel, welche etwa glänzen scheinen bedeutete, mit dem Neutrum altn. heið aether, mit heiða serenare, heiðr honos, heiðr ahd. heitar serenus zusammenhangen. Aber mit Weinhold (Frauen S. 8) die Namen für componiert mit diesem nordischen und einem ihm entsprechenden, gemutmassten ahd. Adjectiv heit zu erklären, geht wegen der zahlreichen Correspondenzen unter den Appellativen nicht an. Aus dem vorhin angeführten ergibt sich, dass durch die auf rûn componierten Namen den Personen, die sie trugen, die Kraft beigelegt wird, die der Rune als Zauberzeichen innewohnt. So bietet sich der für den Zusammenhang höchst passende Sinn dar, dass die Ziege

---

1) Vgl. mhd. ebenheit (masc.) sodalis, Kaiserchron. 423, 7 Diem.

2) MB. nideraltah. XI, 17 a. 731. Meichelb. nr. 634 a. 845 cet.

deswegen den Namen Heidrûn führte, weil sie durch den Meth den Einherien
ihre Heit d. i. ihre Art und ihr eigenthümliches Wesen erhielt und nährte.
So auch dürfen wir für die Erklärung von Chaiderûna ein sächliches heid-
rûna ansetzen und alsbald ergibt sich nun weiter eine wesentliche Uebereinstimmung der gemutmassten Heidrunen mit den Hugrunen (Geistrunen), die
nach Sigrdrîfumâl Odinn erfand aus dem Saft, der aus dem Schädel Heid-
draupnis, des Heitträuflers, und dem Horn Hoddropnis, des Horttröpflers, herab
leckte. Denn sie bezeichnen die eigenthümliche wesentliche Kraft der Dinge,
ihre tugent würde man im mhd. sagen, was im nordischen hier in höherm
Stil hugr, Geist oder Seele der Dinge heisst. Sie stehen auf dem Schild der
Sonne, auf Ârwakr, des frühwachen, ihres Rosses Ohr und auf Alsvinns,
des allgeschwinden, ihres andern Rosses Huf[1]), auf des Bären Tatze,
auf des Dichters Zunge, des Wolfes Klauen, des Adlers Schnabel und
blutgen Schwingen, auf der Brücke Ende, auf des Lösenden Hand und
des Lindrungbringenden Ferse, auf Glas und Gold und allen Heilmitteln
(oder Ominibus) der Menschen, auf des Speers Spitze[2]), des Rosses Bug, der
Norn Nagel und der Eule Schnabel. Die Hugrûnar werden nachher mit unter den Namen meginrûnar, Kraftrunen begriffen, man sieht aber leicht ein
wie sehr auch für sie der Name heidrûnar passen würde. Ich stehe nicht an
aus dem Eigennamen den würklichen ehemaligen, allgemeinen Gebrauch des
Appellativums zu folgern und halte hugrûnar nur für eine energischere, tief-
sinnigere Bezeichnung derselben Sache. Das Wort heid hat gerade im Norden, ehe es auf die Bedeutung gens populus eingeschränkt wurde, eine ganz
eigenthümliche Beziehung zu Zauberei und Mantik gehabt. Den sonst unge-
bräuchlichen Namen Heidr[3]) tragen ausser der Tochter des weisen mythischen
Urkönigs Gylfi von Schweden und einem Schildmädchen im Heere Harald
Hildetands nur noch eine (zauberkundige) Riesentochter im Hyndluliod 31 und
die Wahrsagerinnen und Zauberinnen (völur und seidkonur), die in König
Frôdis Geschichte, der Örvaroddssaga und dem Landnâmabôk S. 133 vorkommen, und endlich das Zauberweib die mit ihrer Genossin Hamglaum (tunica
crepitans) den Fridthiof verfolgte, so dass der Name fast ein Appellativum für
sagenhafte weise Frauen zu sein scheint. Allein die erste Zauberin lehrt
uns Völuspâ kennen und hier klärt es sich auf, warum sie Heidr heisst. Welt
Zwerge und Menschen sind geschaffen, die Nornen haben ihre Herschaft an-
getreten, da, heisst es, fand Odinn ein Weib einsam aussen sitzen, d. i. am
äussersten Ende der Welt bei den Riesen. Sie weiss um den verborgenen
Quell seiner Weisheit und er beschenkt sie mit Ringen und Kleinoden, mit
klugem Geldwort (fêspiöll) und der Kunst die Gestalt zu wechseln (spâ-

---

1) In die Reihe dieser Runen gehören die Namen Sôlrûn Himilrûn Dagrûn.

2) Daher die Namen Ortrûn und Geidrûn.

3) Fornald. Sög. 1, 413. 1, 379. 1, 10. 2, 165. 2, 72 ergeben die Belege zu dem oben
im Text gesagten.

ganda [1]). Weit und breit schaute sie umher, sie sah die Valkyrien kommen und der erste Krieg brach aus. Die Götter spiessten die Gullveig (den Goldtrank, Goldfluss oder die Goldschwere, Goldmasse) mit Geren in Odins Haus und verbrannten sie dreimal, und dreimal ward sie wiedergeboren. So fuhr sie aus unter die Leute und wohin sie kam, die kluge Seherin (vala), hiess man sie Heiđ. Sie verkehrte mit Spukgeistern [2]), Zauber (seiđ) sie verstand, Zauber übte sie [3]): immer war sie der Liebling übler Scharen (thiođar). Darüber bricht nun der Krieg in der Welt aus und zwar ist es der zwischen Vanen und Asen. Wie man den einfachen Zusammenhang der Stelle übersehen konnte, übersehen dass zuletzt vom Vanenkrieg die Rede ist und dass Gullveig oder Heiđr dieselbe ist die Odinn wegen ihrer Mitwissenschaft mit dem Geldwort begabt, begreife ich kaum. Die Meinung des Mythus ist ganz einfach die dass durch das Gold das Böse in die Welt gekommen. Die Kraft des Goldes aber, die hier persönlich als Gullveig erscheint, nannten die Leute Heiđ, d. i. ganz wörtlich die Art oder das Vermögen, das Verhältnis oder der Werth der Dinge. So muste die Heiđr wohl die Erz- und Urzauberin sein und konnte ihren Namen auch auf andre ihrer Art, bei denen er an sich kaum ein Verständnis zulässt, übertragen. Das ahd. Heido [4]) oder Heito dem man ein Femininum Heida Heita zur Seite stellen darf ist nun freilich weit davon entfernt, einen ähnlichen Gebrauch des Namens wie im Norden zu belegen; denn er ist, was Hr. Förstemann bei seinen 6000 noch nicht gelernt hat, weiter nichts als ein aus einem Compositum verkürzter Name, wie fast alle ähnliche, die Hr. Förstemann absurder Weise für einfache ausgibt, a. a. O. S. 99 ffg. Allein es gibt einen althd. Namen Koltrûn (Meichelb. nr. 1073 a. 946, Klage 1103) und dieser setzt ganz sicher die Anerkennung der runischen zauberhaften Kraft des Goldes, die Goldrune die Sigrdrífa unter den Hugrunen nennt, voraus. Ein Weib aber konnte Goldrun genannt werden, nicht etwa in dem Sinne wie wir Goldkind sagen, sondern weil sowohl die

---

1) Dass dies, das hamskifte (Petersen nord. Myth. S. 148 fg.) die Bedeutüng von gandr ist, das so sich vom seiđ d. i. dem Zauber durch Wort und Beschwörung unterscheidet, hätte man bei einiger Aufmerksamkeit längst einsehen sollen. Gandr heisst dann auch die Gestalt, das Wesen selbst das durch Verwandlung angenommen, und so ist Str. 26 vitti hon ganda, sie suchte die Gesellschaft solcher Wesen auf, zu verstehen; gandr heisst daher auch der Wolf, aber nur in dem Sinne von Werwolf. Auch Iörmungandr d. i. Fenrir ist ein Mannwolf.

2) Um das nord. gandr zu übersetzen, muss man schon zu diesem ungenauen und leicht irreleitenden Ausdruck greifen, s. die vorige Anmerkung.

3) Die Worte seiđ honn leikinn sind verderbt.

4) MB. nideraltah. XI, 112 a. 844. Die Verschiedenheit des Consonanten lässt hier schwerlich auf Verschiedenheit der Namen schliessen, da auch Heidfolc Adalheid cet. geschrieben wird. Es ist nemlich die Verschiedenheit des Genus im ahd. zu beachten: das Masculinum entspricht dem goth. haidus, also ahd. heit; das Femininum aber geht nach der zweiten (3ten) Decl. in I, lautete also goth. haiths d. i. ahd. heid. Beide Formen fielen später zusammen.

Braut beim Scheiden aus dem Elternhause mit Ringen und Geschmeide geziert
wurde (RA. 429,), als auch weil die Frau also geschmückt (goldhroden ist
dafür die ags. epische Formel) in der Versammlung der Männer erschien,
Grimm zu Andreas 1449. Wegen ihres goldnen Schmucks heissen auch Valkyrien margullinn Helgaqv. Hiörv. 26, gullvarið Helgaqv. Hund. II, 43, baug-
varið ebend. 32, und ein spätes Mährchen lässt noch auf eine alts. Goldmenni
und Goldfethara zugleich schliessen, beide ein Paar Wünschelweiber, Sonnen-
mädchen, wie die nordische Gullfiödr [1]).

Nach Sigrdrifumâl liessen sich nun noch, wie es scheint, manche ähnlich
gebildete Namen auf rûn denken. So kommt auch ahd. Wolfrûn altn. Ûlfrûn
vor. Um zu verstehen in welchem Geiste und aus welchem Zusammenhang
heraus Namen ähnlicher Art gedichtet sind, muss man Stellen, wie dieser aus
der angelsächsischen Iudith eingedenk sein:

> Zum Gefecht auszogen fürder in Ordnung
> die Helden unter Helmen von der hehren Burg
> bei dem Tagroth früh: die Schilde tönten,
> laut sie erschollen. Des sich der schlanke
> Wolf im Walde freute und der wolkendüstre Rabe,
> der walgierge Vogel: es wusten beide,
> dass ihnen schaffen würden die Kriegerscharen
> Gefallne in Fülle. Ihnen flog auf feuchten Schwingen
> der Adler eilends nach, aasverlangend:
> ein Schlachtlied sang der schwarzgekleidete,
> der horngeschnäbelte. —

Aehnliche Stellen hat Grimm in der Vorrede zu Andreas und Elene besprochen. Dieselbe Grenze, die die uralten Typen der höhern Dichtkunst beschreiben, halten auch die Namen inne. Wie die alte Poesie zugleich sittlich und
religiös war, so auch die Namen. Nur solche Thiere werden genannt, die
nicht nur durch hervorragende Eigenschaften dem geltenden menschlichen
Ideale nachkommen, sondern zugleich auch den höchsten und mächtigsten
Göttern verwandt und heilig waren. Es sind solche Thiere, in deren Gestalt die
Götter selbst erschienen, die in ihrem Geleit gedacht wurden und deren An-
gang stets heilverkündend war. Dies steht durch, vielleicht nur mit Ausnahme
eines gleich zu erwähnenden Beispiels, das gleichwohl die Regel bestätigt.
Andre Beschränkungen der Composition ergeben sich von selbst, sobald jeder
Name ein poetisches Ganze sein soll. So darf es nicht wundern, wenn der
Composita auf rûn nicht so gar viele sind. Wenn aber ähnlich gebildete
Namen wie Wolfrûn vorkommen, so sind sie so aufzufassen dass der Character
des Thiers, den seine Rune anzeigt, dem darnach benannten Weibe beigelegt
wird. Bezeichnet die Rune auf des Wolfs Klauen seine Raubgier und Mord-
lust, so liegt in Wolfrûn der ganze wilde Kriegergeist ausgedrückt, der unser

---

1) Schlesw. holstein. Sagen S. 395. Nordalb. Studien 4, 212.

Alterthum vor andern alten Völkern auszeichnet. Úlfrûn ist auch mit andern riesischen Unholdinnen des Gottes Heimdall Mutter, Hyndlul. 35. Hrafnag. 26.

Unter den übrigen Compositis auf rûn sind aber nun noch einige für unsere Untersuchung von entscheidender Wichtigkeit. Nach der Ueberlieferung, in der Sigrdrifumàl zum Theil in die Völsûngasaga übergieng, stand eine der von Ôdin erfundenen Hugrûnen auch auf dem Sitz der Vala. Es ist ungewiss wie vala oder völva etymologisch zu erklären. Die Bedeutung Wahrsagerin steht jedoch durch. Wenn daher nach früher angeführten Stellen [1]) die völvur zugleich seidkonur Zauberinnen sind und Sigrdrifa der Vala einen besondern Stuhl, ohne Zweifel den vierbeinigen seidhiall, beilegt, so haben wir zunächst eine Bestätigung der S. 41. ff. ausgeführten Ansicht von dem nahen Zusammenhang der Weissagung und Zauberei, zugleich aber folgt dass die Rune auf dem Sitz der Vala nicht minder ihre Gabe der Weissagung, als ihre Zauberkunst anzeigt. Nun finden wir ahd. holzrûna und dafür die Bedeutung lamia angegeben. Lamia aber wird ebenfalls glossiert durch holzmuoja und dies dient wieder zur Umschreibung von ulula (Graff 2, 555. 604.); so dass auch die Eule als unheil und todverkündender Vogel holzrûna wird geheissen haben. In diesem Sinne, weil auch der Uhu ein todverkündender Vogel, ist der ahd. Männername Ûo Ûwo [2]) zu fassen, der sonst jene merkwürdige Ausnahme macht. Sigrdrifa nennt zuletzt unter den Hugrunen die Rune auf dem Nagel der Norn und der Eule Schnabel. Die Zusammenstellung mit der weissagenden Norn, die den Lebensfaden knüpft und zerreisst, (daher die Rune auf dem Nagel,) beweist dass die Rune der Eule etwas anderes bedeutet, als die auf des Adlers Schnabel steht. Sie ist auch hier das Zeichen der Prophetin. Aber wollte man auch darnach die holzrûna noch nicht als Eule gelten lassen, so muss rûna in diesem Wort dennoch die angegebene Bedeutung haben, weil ein andrer Name die holzmuojen und lamien als Klagemütter Klagemuhmen Klagefrauen bezeichnet (Grimm Mythol. 1088.) In dem Sinn von prophetissa, divina wird auch ags. heáhrûn [3]) angeführt, dem ahd· Hóhrûn entspräche, so dass auf alle Fälle die Bedeutung Weissagerin für rûna neben der von Zauberin in Compositionen gesichert ist und jene ebenso gut als diese in Namen angenommen werden darf. Wenn nun auch Sigrdrifa nicht von den Runen sagte:

> Geschabt wurden alle, die geschnitten waren,
> und in hehrem Meth geheiligt [4]),
> und gesandt auf weite Wege:
> die sind bei den Asen, die bei den Alfen,
> die einen bei den weisen Vanen,
> die andern unter den Menschenkindern,

---

1) Vgl. S. 47 fg. und Grimm. Myth. 87. 374. 380. 994.
2) Meichelb. nr. 398 a. 819, nr. 414 a. 820, nr. 418 a. 820, nr. 471 a. 824.
3) Bosworth 35 b.
4) So Simrock; eigentlich in heilgem Meth umgedreht.

so müste man doch für die Namen Gotrûn[1]) und Albrûn[2]) die volle vis der Rune gelten lassen, weil Götter und Elbe beide in gleicher Weise an der Weissagung und Zauberkraft Theil haben.

Den letzten Namen Albrûn aber kannte schon Tacitus und zwar für eine Vala. Denn neben dem unsinnigen Auriniam gewehren Germ. Cap. 8 die beiden besten Handschriften (P R a bei Massmann) als zweite Lesart Albriniam; diese kennen allein die Hss. N R f L, während umgekehrt die ihnen zunächst verwandten S R b F nur die andre oder auch, wie die übrigen Hss., beide Lesarten angeben oder voraussetzen. Da nun das Schwanken der Ueberlieferung für die erste Hälfte des Namens allein begreiflich wird wenn wir hier, wie an andern Stellen der Germania und übrigen Bücher des Tacitus, auf eine Uncialhandschrift zurückgehen, so wird erstens die Lesart Alb- vollkommen gesichert weil daraus wohl die Lesart Au-, nicht aber umgekehrt jene aus dieser erklärt werden kann; zweitens aber fallen für die Uncialhandschrift und bekanntlich auch noch für viel spätere die Punkte über dem I weg und statt des wenigstens noch zur Hälfte unsinnigen Albrinia ergibt sich mit Leichtigkeit Albruna, eine Verbesserung die längst von Wackernagel angegeben so einfach und überzeugend ist, dass sie wohl von den Editoren, die sie schwerlich gekannt, am wenigsten aber von Grimm hintan gesetzt werden durfte, weil leicht einzusehen dass sein eigner Versuch den Namen herzustellen nach zwei Seiten hin verfehlt ist (s. oben S. 45). Die Emendation ist so sicher wie eine sein kann; denn sie ist durch keine zweite palaeographisch und sprachlich gleich gut mögliche zu ersetzen. Ob sie aber je im Text der Germania Platz finden wird, ist nach den Erfahrungen der letzten Jahre zu bezweifeln. Eher darf man erwarten, dass irgend ein thörichter Einfall, wie der dass der Name keltisch sei, oder dass sonst irgend etwas Ungereimtes zum Vorwand genommen wird um die Corruptel zu schützen. Denn der nicht immer, wie bei Döderlein unschuldige, sondern bei Hrn. Ritter bis zu bösartiger Thorheit vollkommen ausgebildete Wahn beherrscht viele, dass man in Dingen deutscher Alterthumskunde nicht mit Sicherheit wissen könne, was sie nicht selbst aus ihrem Latein gelernt. So wird man auch hier leicht einwenden, dass man ja nicht wissen könne ob nicht Albrinia zu Tacitus Zeit oder früher ein deutscher Name war. Für diese Leute sind die deutsche Grammatik, die Rechtsalterthümer und die Mythologie ungeschrieben und für sie existiert nicht die Thatsache, dass die geschichtlichen Grundlagen der gesammten germanischen Welt in Sprache Recht Glauben Sitte und Dichtung ein und dieselben sind, dass die Entwicklung der Stämme und Nationen von éiner ursprünglichen Einheit ausgieng und dass wir so auf dem Wege methodischer Untersuchung und Vergleichung im Stande sind, nicht etwa jeden Satz, nein jedes Wort des Tacitus zu controlieren. Denn das

---

1) Necrol. Aug. Godrûna Vita Meinwerci a. 1017.
2) Meichelb. nr. 596 a. 836, nr. 635 a. 845, Schaunat trad. nr. 583 c. 960.

wird man doch zugeben dass die erste Scheidung der Stämme und Dialecte vor Tacitus, ja vor dem Zusammenstoss mit den Römern wenigstens begonnen hat, dass also das was eine gewissenhafte methodische Forschung als gemeinsame Grundlage der besondern Entwicklung erkennt auf jeden Fall vor jenen Zeitpunct gehört. Nun ist dabei freilich nicht zu vergessen dass die Scheidung zur Zeit der Römer keineswegs so gross war als sie sich wohl mancher denkt. Denn wir finden in den von ihnen überlieferten Namen ausser den Consonanten auch den Vocalismus in seinen characteristischsten Puncten, den Diphthongen AU und AI (lat. gewöhnlich ae) und dem langen Ê, wonach später die deutschen Dialecte oder Sprachen sich ebenso unterscheiden wie die griechischen, ganz auf der Stufe des gothischen bei Stämmen und Völkern, die daraus im Verlauf der Zeit sehr verschiedene Laute entwickelt haben, und ebenso gewahrt man in Nerthus sonst Flectionselemente, in Gambrivii Dulgubnii Lemonii (so ist zu schreiben) Eudusii oder Eudoses cet. ausserdem Ableitungen, die entweder nur noch im gothischen oder doch nur vereinzelt und in Spuren später vorkommen. Und endlich die wichtige Runinschrift auf dem tonderschen Goldhorn von 1734, deren Abfassung nach einer richtigern, als der früher angestellten Erwägung spätestens ins vierte Jahrhundert fällt [1]), zeigt so vollkommen gothische Flexionen, dass Munch sie sogar für gothisch erklären konnte. Bei diesem Stande der Sprache können allerdings Namen und Wörter, die an den Ufern des Rheins oder der Weichsel entstanden, unverändert vom Norden aufgenommen und umgekehrt auch andre von hieraus dem Süden überliefert sein. Allein wenn wir nicht nur eine grosse Menge ursprünglich völlig gleichlautender Namen bei allen deutschen Stämmen nachweisen können, wenn nicht nur das Verfahren der Namenbildung, die Gesetze der Composition überall dieselben sind, sondern wir auch überall bis auf wenige Ausnahmen und die Ungleichheit der Vertheilung dieselben Compositionswörter gebraucht und in demselben Sinne angewandt sehen, so wird es unmöglich die ganze Uebereinstimmung auf dem Wege jenes Austausches zu erklären: sie muss bei den Namen ebenso ursprünglich sein, wie bei dem übrigen Inhalt unserer Sprache. So können wir denn auch sehr wohl wissen ob Au - oder rinia bei Tacitus deutsche Compositionswörter sind oder nicht, und dürfen es um so bestimmter läugnen, weil weder das eine noch das andre eine grammatische Auflösung zulässt. Zu jenen uralten Namen aus der Zeit der Spracheinheit deutscher Stämme gehören aber auch die Composita auf rûn. Dass sie wenigstens eher, als die Trennung der Stämme sich in der sog. Völkerwanderung vollendete, verbreitet waren, geht aus der Uebereinstimmung ihrer Bildung und Bedeutung hervor. Stünden mir die angelsächsischen Urkunden zu Gebot, würde es wohl auch gelingen ein dem hoch- und niederdeutschen Albrûn gleiches Älfrûn in England, wie im Norden Âlfrûn (Fornald. Sög. 3, 656) nachzuweisen. Wenn aber die bisherige Untersuchung etwas erreicht hat, so

---

1) S. den ersten Artikel S. 172.

ist es dies Resultat, dass die Composita auf rûn oder rûna nicht etwa auf die
Bedeutung von goth. runa μυστήριον βουλή, noch auf altn. rûna socia collo-
cutrix (ahd. rûno auricularius) zurückgehen, sondern die besondere Geltung
und den Gebrauch der Runzeichen voraussetzen. Schrieb also Tacitus Albruna,
so haben wir daran ein ganz entscheidendes Zeugnis für das Alter der Runen.
Aber auch ohne dies würde man nach dem vorigen zugestehen müssen, dass
dieser und ähnliche Namen schon zu seiner Zeit und vor dieser in Umlauf
waren. War aber dies der Fall, so leidet es auch keinen Zweifel, weil Tacitus und Caesar beide die Loossung als das gewöhnlichste Mittel der Divination kennen, dass dabei Runen gebraucht wurden. Wie vereinigt sich die
doppelte abstracte Bedeutung des Worts Geheimnis und Rathschlag auch wohl
leichter als darin dass, wie nachgewiesen, Runen bei Zauber und Weissagung
gebraucht wurden! Inesse (feminis) quin etiam sanctum aliquid et providum
putant, nec aut consilia earum aspernantur aut responsa neglegunt, Germ.
c. 8; vgl. Caesar d. b. g. 1, 50 und von der Veleda Histor. 4, 65: delectus e pro-
pinquis consulta responsaque ut internuntius numinis portabat. Denn
die Bedeutung raunen murmeln, die besonders die abgeleiteten Verben hegen,
setzt die Bedeutung Geheimnis und den Gebrauch der Runen beim Zauber
schon voraus, und nicht dürfen wir mit Grimm (Myth. 1174), worauf schon
oben S. 31 hingewiesen ward, die Bedeutung der abgeleiteten Wörter für die
ursprüngliche halten, wenn die wurzelhaft verwandten auf die von scrutari
temptare hinführen.

Tacitus nennt die Albruna gleichsam als die Chorführerin einer grossen
Schar weiser Frauen aus der Zeit vor der Veleda: sed et olim Albrunam
et compluris alias venerati sunt, non adulatione neque tamquam facerent deas,
Germ. c. 8. Aehnlich heisst es Hist. 4, 61: Veleda habe das Volk beherscht
vetere apud Germanos more, quo plerasque feminarum fatidicas et augescente
superstitione arbitrentur deas. Mit vieler Wahrscheinlichkeit darf man sie
daher in die Zeit der Kriege des Drusus und Tiberius setzen (vgl. Dio 55, 1);
dass sie wenigstens nicht gegen Germanicus, noch auch später auftrat, lehren
Tacitus Bücher selbst und die Geschichte, die bis auf den batavischen Auf-
stand keiner Frau eine ähnliche Rolle wie Veleda zu spielen Gelegenheit gab.
Denn wenn die Albruna nur in den innern Kämpfen der deutschen Völker
unter einander bedeutend gewesen wäre, würde Tacitus sie nicht so erwähnt
haben wie er es thut. Hätten wir die Bücher des Plinius von deutschen
Kriegen, würden wir nicht nur über die Albrun, sondern auch über die compluris alias völligere Kunde haben. Doch reichen auch so noch unsere Mittel
hin um die Anwendung einer nicht unwichtigen onomatologischen Beobachtung zu gestatten.

Wie nemlich der Grieche Aristokles unter seinem Beinamen Platon be-
kannter ist als unter seinem eigentlichen, so auch der Gothe Badvila als Tô-
tila d. i. Naso[1]). Dasselbe bedeutet Nasva bei Caesar; auch Masva, wie bei

---

[1] Grimm in Haupts Zeitschrift 6, 540.

Dio ein Semnonenkönig heisst, scheint auf eine auffallende körperliche Eigenschaft hinzudeuten. Doch will ich hieran nur erinnern um darauf hinzuweisen dass die würklichen einfachen Namen regelmässig den Character von Beinamen haben, d. h. besondere persönliche Merkmale, Geschicklichkeiten und Beziehungen ausdrücken, so dass blosse persönliche Appellativa, wie Bûo colonus, Smido faber artifex, als Eigennamen vorkommen. Ueberhaupt ist ihre Unterscheidung von den aus Compositis verkürzten und den hypokoristischen Formen so einfach, ja selbst durch die augenscheinlichsten grammatischen Kennzeichen geboten und daher bis auf wenige Fälle, die man so oder so nehmen kann, so sicher, dass der ganze Unverstand des Hrn. Förstemann dazu gehört um ein Verzeichnis, wie das in Kuhn und Aufrechts Zeitschrift 1851. S. 99 — 101 aufzustellen, wo nicht nur alles durcheinander geworfen, sondern einem auch noch obendrein die weise Lehre gegeben wird, „dass die etymologische Deutung der Namen sich eigentlich nur mit diesen einfachen, (die Hr. Förstemann dafür ausgibt,) zu beschäftigen braucht und der Sinn der zusammengesetzten sich daraus von selbst ergibt.“ Der Sinn der verkürzten Formen ergibt sich natürlich nur aus den Compositis.

Neben den einfachen Beinamen gehen andre zusammengesetzte her, die sich durch ihren Character und ihre Bedeutung wieder sehr von den gewöhnlichen eigentlichen Eigennamen unterscheiden. Die Beinamen, einfache und zusammengesetzte, kommen seit dem zwölften Jahrhundert sehr häufig in Urkunden vor und aus ihnen werden zum grösten Theil unsre Gentilnamen. In frühern Urkunden und Quellen aber ist wenig dergleichen aufzufinden. Doch sieht man dass in der deutschen Sängerwelt dieselbe Sitte herschte wie bei den Griechen, die den Tisias von Himera Stesichoros und andre Dichter bedeutsam Phemios Musaios Eumolpos Terpandros nannten. So heisst auch ein fahrender Sänger bei den Angelsachsen Vîdsîđ Weitfahrt, sein Genosse Scilling der tönende; auch Cädmon ist wohl, wie fries. ked der Verkünder, die Gerichtsperson und der Name der Quaden und Kedinger, auch ahd. Katolt Kadolt Kadal Kadalhôh, nach qithan eloqui zu erklären als vir eloquens. Aus dem eilften Jahrhundert [1]) wird in Baiern ein vornehmer reicher Spielmann Vollarc (arc heisst avarus) genannt, und dieselbe Weise der Benennung kennt nicht nur unser Epos (Swemmel und Werbel in den Nib.), sondern sie ist auch seit dem zwölften Jahrhundert bis zum Schluss des MA. unter uns noch in vollem Gange, worauf schon in Haupts Zeitschrift 7, 530 (vgl. Helbling 2, 1403) aufmerksam gemacht wurde. Diese Sitte aber herschte auch in Bezug auf weise Frauen, vornehme Zauberinnen und Wahrsagerinnen, wie auch die nord. Namen der Völen Heiđr Hyndla Grôa und andre schliessen lassen. Ob die Thiota, die als Weissagerin gegen die Mitte des neunten Jahrhundert in Alemannien und Franken berühmt war, nur den gewöhnlichen verkürzten Namen trägt oder ob damit ihr Geschäft, das Deuten und Auslegen, gemeint ist,

---

1) Haupts Zeitschrift 7, 522.

lässt sich freilich nicht entscheiden. Allein die langobardische Sage kennt eine Gambara, die nach dem Prolog des Edictum Rotharis mit ihren beiden Söhnen, wie Veleda, das Volk beherschte, nach Paulus Diac. eine mulier quantum inter suos et ingenio acris et consiliis provida, de cujus in rebus dubiis prudentia non minimum confidebant. Nun wird allerdings durch ahd. gambar regelmässig lat. strenuus ausgelegt, aber dass dies nur einen Theil der Bedeutung trifft, lehrt ahd. gambri sagacitas und altn. gambr blateratio, gambra blaterare oggannire, das ohne Zweifel dazu gehört. So kennt das goth. und ags. unser geschwind nur in dem Sinn von stark heftig, aber im altn. ist sviðr oder svinnr prudens, und ein Mann von geschwindem Wort und Verstand ist auch uns noch ein wenngleich nicht mehr gebräuchlicher, doch verständlicher Ausdruck. Die Verbindung derselben Begriffe wird sich auch beim mhd. snel nachweisen lassen; altn. sniallr ist fortis prudens disertus celer, dän. snild nur callidus. Darnach ist Gambara nicht eine kriegerische, sondern eine gescheidte und beredte Frau. — Die dritte oder wenn man will, die zweite historische Wahrsagerin, die wir kennen, ist die semnonische Ganna, παρθένος μετὰ τὴν Βεληδαν ἐν Κελτικῇ θειάζουσα, die mit jenem König Masva zum Domitian nach Rom kam, Dio 67, 5. Ihr Name, der auch noch später einmal vorkommt (Grimm Myth. 85), ist aus altn. gan ars magica, magica machinatio leicht erklärbar. Endlich wenn man sich nur des taciteischen: diu apud plerosque numinis loco habita und des nec tamquam facerent deas erinnert, kann Veleda auch sehr wohl ein blosser Ehrenname sein. Freilich mit altn. Vala hat der Name unmittelbar nichts zu schaffen. Denn wer statt blindlings drauf los zu rathen, ehe er die Erklärung zweifelhafter Namen versucht, sich zuvor unterrichtet, wie die Römer (und ihnen nach die Griechen) die deutschen Laute bezeichnen, der weiss dass Veleda gothisch Vilitha, und nicht anders, geschrieben würde. Dies ist nun deutlich eine Ableitung von viljan velle, wie Freude von freuen, grammatisch, wie es scheint, bis auf das Genus und die Bedeutung identisch mit ahd. willido nausea, vgl. unwillido ignavia (Graff 1, 829. 838). Die Bedeutung Wohlwollen Gnade ergibt sich für das Wort als Appellativum von selbst und wird bestätigt durch das genau entsprechende altn. vild gratia benevolentia; als Name ist es wie ahd. Wunna Triuwa Minna und wie mhd. Minne, unser Liebe Freude in der Anrede der Geliebten, aufzufassen und die altnordischen Göttinnen, Hypostasen der Frigg, die Vör attentio, Syn defensio, Hlif tutela sind zu vergleichen nebst der ahd. Sâlida fortuna salus (Grimm Myth. 822). Wenn nun auch alle diese Namen einfache sind, Albruna hingegen componiert und ausserdem ein sonst gewöhnlicher Name, so muss es doch nach der Analogie der Sängernamen erlaubt sein, auch ihn für einen Ehrennamen zu halten, wie die andern, je mehr seine Bedeutung zur dem Character der Person stimmt, die ihn trägt. Nannte man aber mit Grund die Weissagerin ein mit der Runkraft der Elbe, d. i. mit Zaubermacht und Weissagung begabtes Weib, so haben dieser auch zu ihrem Geschäft Runen gedient.

Wenn den Frauen überhaupt sanctum aliquid et providum innewohnte, und die matres familiae nach Caesar der Weissagung und Loossung pflagen, so kann es nicht verwundern, dass rûn in einigen noch unbesprochenen Compositis die ganz allgemeine Bedeutung weise Frau hat; denn jedes Weib konnte so genannt werden. So wäre Adalrûn, das ich nach dem von Grimm (Gramm. 2, 517) angeführten altn. Appellativ aðalrûn r. primaeva? ansetze, nicht viel mehr als Adalheit (s. oben S. 46); adal bezeichnet nur die Abkunft aus einem alten namhaften Geschlecht. In Baldrûn weist das erste Wort auf die valkyrische Kühnheit, in Berhtrûn auf die valkyrische [1]) Schönheit der Frauen. Ôdalrûn ist die weise mater familiae; denn ôdal ist der ererbte Grundbesitz einer Familie oder eines Geschlechts. Endlich Wolarûn, das für Welarûn steht, ist die wohlweise, wie in Völuspâ die vala velspâ. Was aber fränk. Bauderuna ist, darüber sind andre wohl ebensowenig, als ich durch Grimm bei Kuhn und Aufrecht 1851 S. 434 — 438 klüger geworden.

Wenn es noch an einem Zeugnis fehlen sollte, dass der Loosstab würklich mit Runen versehen war, so glaube ich auch dies beibringen zu können. In Liliencrons Abhandlung ist die Stelle aus dem Eddalied angeführt, wo der von Freyr auf Werbung ausgesandte Skîrnir die sich weigernde Gerðr bedroht:

Thurs (Th) schneid ich dir und drei Stäbe,
Ohnmacht Unmut (Wut) und Ungeduld.

Vorher sagt er: Mit der Zähmruthe (Tams vendi) werd ich dich schlagen und ich will dich zähmen, Mädchen, zu meinem Willen! Dann folgt eine ausführliche Schilderung der Qualen und Strafen, die ihr zu Theil werden sollen wenn sie bei ihrer Weigerung verharrt, und darauf heisst es:

Zu Walde gieng ich und ins wilde Holz
die Zauberruthe zu finden; die Zauberruthe ich fand.

So übersetzt Simrock gambantein at geta, gambantein ek gat. Skîrnir verkündet jetzt der widerstrebenden den Zorn Ôðins und Thôrs, und Freys Feindschaft noch ehe und bevor jene der Götter gambanreiði, Zauberzorn? erfahren hat. Er spricht den Bann aus, der sie von aller Gemeinschaft der Menschen für immer ausschliesst: alle Riesen sollen des Zeugen sein, der Riese Reifgrimner soll sie in der Hölle haben. Dann schneidet er die Stäbe, Thurs d. i. Riese und drei Vocale, und spricht darauf:

So schneid ich es ab, wie ich es eingeschnitten,
sobald es Noth thut so zu thun.

Da erklärt sich Gerðr noch zur rechten Zeit bereit dem Sonnenschein und Regen spendenden Gott nach neun Tagen im Hain Barri sich zu stellen. Barri heisst der fruchttragende; es ist das Saatfeld, und Gerðr, die zögernde, ist eine deutsche Kora, das in die Erde gesenkte Saatkorn. — Im Zusammenhang ist der gambantein ganz deutlich nicht nur die zuerst erwähnte Zähm-

---

1) Grimm Myth. 390 oben.

ruthe, sondern auch der Stab auf dem die Runen eingeschnitten werden. So kommt das Wort auch noch einmal vor im Harbardsliod 20, wo Ôdinn erzählt dass Hlèbardr, der rauhe Riese, ihm den gambantein gegeben, er ihn aber damit von Sinnen gezaubert habe. Hlèbardr ist wörtlich Schattenbart, aber in dem Sinne, wie Euripides von einer σκιαρόκομος ὕλη spricht. Denn nach Petersens sinnreicher Deutung (Nordisk Mythol. S. 242) sagt der Mythus aus dass Ôdinn es erfunden habe durch Verpflanzung, oder wohl richtiger durch Impfung, dem wilden Baumwuchs ein Ende zu machen, so dass auch hier der gambantein vom wilden Holz genommen wird. Allein Zauberruthe kann nicht die eigentliche Bedeutung des Worts sein, wenn auch das nachgebildete gambanreidi dafür zu sprechen scheint. Dies Compositum beweist nur dass die eigentliche Bedeutung von gamban dem Dichter des Liedes nicht mehr klar war. In OEgisdrecka 8 wird nemlich das gemeinsame Mahl der Götter gambansumbl genannt und wenn auch hier bei dem Meergott sich die Becher von selber füllten, das Gelag also recht wohl ein Wünschel- oder Zaubermahl heissen könnte, so ist doch diese Auslegung nicht notwendig und der Ausdruck hätte Grimm (Myth. 928) leicht auf die rechte Fährte leiten können, da er schon die ags. Formel gomban gildan aus Beov. 21 anführt. Dieselbe Formel kehrt im Cädmon 119, (93,) 11 wieder, wie dort, in dem Sinn von tributum dare, ja in dem altsächsichen, gleichbedeutenden gambra geldan (Hèlj. 11, 7) steckt sie ohne Zweifel ebenfalls. So ergibt sich für gambansumbl die Bedeutung von Gilde. Geld selbst bedeutete Tribut Zins, dann Opfer, und Gilde ist ursprünglich das aus gemeinschaftlichen Beiträgen gehaltne Opfermahl, dann Opfermahl überhaupt und endlich die Genossenschaft. Nach dieser Analogie war also gambantein einmal genau dasselbe, was später blôtspânn hiess, s. oben S. 39. Heisst aber eine Zauberruthe, in die Runen eingeschnitten werden, Opferzweig, ohne dass dabei wie in Skírnisför und Harbardsliod von einem Opfer auch nur die Rede sein kann, so war ein Opferzweig ohne Runen gewiss eine sehr unbekannte Sache. Der blôtspân aber sahen wir diente bei der Loossung und nach der Analogie des in Skírnisför beim Zauber beobachteten Verfahrens dürfen wir jetzt wohl die Formel at fella blôtspân bestimmter auffassen als concidere virgam sacrificam, so dass eine Verschiedenheit zwischen der im Norden und in Deutschland nach Tacitus gebräuchlichen Weise der Loossung sich herausstellt. Die virga frugiferae arbori decisa ist der vom wilden Holz genommne gambantein oder blôtspân. Jene aber ward in surculi zerschnitten und dann diese mit den Runen versehen hingestreut, während im Norden nach Skîrnisför der Zweig zuerst mit Runen bezeichnet und dann zerschnitten wurde. Allein wenn man die beiden Stellen der Sagas S. 323 recht ins Auge fasst, so scheint es auch als wenn nicht wie in Deutschland einzelne Stäbchen herausgegriffen wurden, sondern dass man aus ihrer zufälligen Lage das Orakel entnahm. Wie aber war dies möglich? Die Antwort hierauf ist leicht gegeben: wenn nemlich das Hinfallen entschied, — oc fêll svâ, und es fiel so, sagt die Gautrekssaga, —

so kam es nur darauf an welche Runen offen dalagen, dem Blick des Spä-
henden zugewandt, und welche nicht. So aber gelangen wir zu dem Schluss
dieser Untersuchung, zur Beantwortung der Frage, wie war überhaupt eine
Deutung aus Runen möglich?

Wenn Liliencrons Ansicht von der ursprünglichen Natur der Runen noch
der Bestätigung bedürfte, so würde die Wahrnehmung genügen, dass sobald wir
auf den vornordischen, allgemeingermanischen Sprachbestand, den wir in allem
wesentlichen durch das gothische kennen, zurückgehen, das sog. nordische
Alfabet von sechzehn Runen zur Bezeichnung der A n l a u t e sehr wohl hinreicht,
eine Wahrnehmung, die zugleich noch einmal beweist dass dies Alfabet gar
nicht für ausschliesslich nordisch, sondern eben nur für das alte allgemein-
germanische gelten kann, die aber nicht minder auch die Möglichkeit zu er-
öffnen scheint einer Rechtfertigung der Ansicht Bäumleins [1]) von dem Zusammenhang der Runzeichen mit dem altphönizischen Alfabet, trotz Liliencrons
Einwendungen.   Nur muss man dabei annehmen, dass was ohnehin nicht
wohl anders denkbar, die Buchstaben den Germanen mittelbar durch ihre öst-
lichen oder westlichen Nachbarn überliefert wurden und zwar schon nicht
mehr im eigentlichen Schriftgebrauch, sondern als Looss - und Zauberzeichen.
Um dies zu beweisen, fehlen freilich die nöthigen Mittelglieder; doch sieht man
von dem ab was die Berichterstatter [2]) hinzugedichtet, so sind Spuren eines
dem runischen ähnlichen Schriftgebrauchs wenigstens bei den Kelten noch
deutlich und bei dem nahen Zusammenhang der Germanen mit den Ostvöl-
kern in vielen ähnlichen Dingen wird man auch hier die Uebereinstimmung
mutmassen dürfen.   Es wird auf diese Weise begreiflich, dass nicht nur die
alte Ordnung des Alfabets einer andern gewichen, sondern auch dass manche
Buchstaben durch andre Zeichen ersetzt sind und andre gänzlich verloren giengen, weil eine Anzahl die zur Bezeichnung der Anlaute hinreichte genügte.
Da über das relative Alter, die Herkunft und Geschichte des phönizischen
Alfabets im allgemeinen kein Zweifel herscht, da überdies die Runen in den
Zeichen für B R I und in weiterm Abstand auch in denen für A? D (Th) K L
S T U nicht sowohl mit den altphönizischen, sondern vielmehr mit altgrie-
chischen oder italischen Buchstaben übereinstimmen, so kann man ohne dem
Zufall zuviel einzuräumen die Runen weder für eine selbständige Erfindung
der Germanen noch auch für ein von ihnen gerettetes Erbtheil aus der Urge-
meinschaft der Völker halten.

Doch müssen wir es andern überlassen diese Frage weiter zu verfolgen.
Gehen wir auf die vornordische, gothische Sprachstufe zurück, so ergibt sich
folgendes.   Die Buchstaben C P Q V W X Y Z waren entbehrlich, wie zum

---

1) Untersuchungen des griech. und gothischen Alphabets S. 108 fg.

2) Ich finde Davies Mythol. p. 453. Celtic researches p. 270—275 und Ledwich antiqui-
ties of Ireland p. 79 sqq. angeführt; vgl. W. Grimm Runen S. 308. 309.

Rune Ûr abgeholfen, für die Länge aber war im Anlant ein besondres Zeichen ebenso wenig nötig, wie beim E.

Da die Diphthonge AU AI und IU (bei den Römern EU oder später EO geschrieben) nachweislich, wie im italienischen, soweit sie hier vorhanden, als würkliche Doppellaute gesprochen wurden, würden also die Runen Ans Îs und Ûr für den Vocalismus vollkommen genügen. Dennoch gab es ein viertes Vocalzeichen, das nordische Ýr. Es ward im Norden für das finale, vocalische R, im In- und Anlaut aber für die durch Umlaut oder Brechung entstandnen, jüngern Vocale gebraucht. Wilh. Grimm hält nun das ags. Yr, das für Y gilt, für denselben Namen und nimmt an dass dieser aus dem Norden entlehnt sei. Allein dass das ags. Wort, worauf die Annahme sich gründet, wie das nordische Bogen bedeute, ist doch keineswegs aus der Umschreibung des ags. Runenlieds gewiss. Hier heisst es nur dass Yr eine Waffenart sei, die edeln Männern zu Ross schön stehe und auf der Fahrt treffliche Dienste leiste. Da nun das R im nordischen Wort nur Zeichen des Nominativs ist, im ags. aber wurzelhaft, so kann dies sehr wohl die ganz regelrecht umgelautete Nebenform des ags. ear earh oder areve (engl. arrow) sein, das sogar als Runenname daneben vorzukommen scheint (s. oben S. 36), und es trifft so vielmehr mit dem sprachlich identischen nord. ör überein, das eine Nebenbenennung der nord. Ýrrune ist. Die Bedeutung ist überall Pfeil, und diese dürfen wir auch nach dem abgeleiteten Abstractum arhvazna βέλος Geschoss (Ephes. 6, 16) für das entsprechende gothische Wort ansetzen, obgleich das diesem grammatisch bis auf das Genus und wahrscheinlich auch die Declination wiederum ganz gleiche lat. arcus Bogen bedeutet. Vielleicht ist hier daran zu erinnern, dass die in Frage stehende Rune einen Bogen mit aufgelegtem Pfeil vorzustellen scheint, so dass das Wort ursprünglich beide Begriffe zumal wird ausgedrückt haben. Nord. ŷr, dessen Nebenform îr lautet, aber soll nur in der Bedeutung Bogen vorkommen. Man ist versucht nach einer ähnlichen Theilung der Begriffe griech. ἰός Pfeil (statt ἰϝός mit langem Jota und ein Masculinum, wie ŷr) damit zusammenzustellen; doch weist Pott (Etymol. Forsch. 1, 139. 269 vgl. 120) dafür sk. ishu sagitta nach. Ýr ist vielmehr trotz der Verschiedenheit des Genus einerlei mit unserm Eibe, ahd. îwa taxus. Auch den Griechen war die Eibe σμῖλαξ der Schnitzbaum, nach σμίλη Schnitzmesser scalprum, und schon das einfache Wort hatte im Deutschen [1]) die Bedeutung Bogen; dem mhd. îwinboge aber kommt altn.

---

1) Caesar de bello gall. 6, 31 sagt: Cativolcus taxo cuius magna in Gallia Germaniaque copia est se exanimavit. Ducange s. v. Ivus führt aus einer alten Schrift an: Est id genus arboris aptum spiculis et arcubalistis, vulgo enim dicitur Ivus (franz. le if). Frisch teutschlat. Wörterb. 1741 S. 218ᵃ aus einem Vocabular: die Eib oder Eibe arcubalista scorpia manualis; Eibenschütz arcubalistarius. Georg von Ehingen hrsg. von Fr. Pfeiffer S. 22: schützen mit stehlin bogen, mit handbogen und sunst seltzemen langen armbrosten und yben, vgl. Schmid schwäb. Wb. 157. Grimms Weisthümer 1, 465 und 502 Dreieicher Wildbann von 1338: wann er wil birszen, er sal

ỳbogi gleich, und wenn Ullrs, des nordischen Jagd - und Bogengotts Woh-
nung — er heisst der veiðiás und bogaás — Ýdalir genannt wird, so kann
man dies nicht anders übersetzen als durch Eibenthäler, so dass ŷr auch den
Baum muss angezeigt haben; so hat es auch wohl das nord. Runenlied verstanden: Ẏr er urtur (?) grœnst viða, Ẏr ist — der Bäume grünster. Im
ags. aber heisst der Baum gewöhnlich ív, doch daneben auch eóv, welche
Form das englische yew voraussetzt, und es bedarf nur der Erinnrung an
einen im ags. bekannten Lautwechsel (ags. frí fríg fríh freó = goth. freis,
ahd. alts. frí), um zu erkennen, dass die Rune Eóh, ein aus I differenziertes Zeichen für EO, denselben Namen trägt. Den Baum, dessen festes zähes
Holz heutzutage das beste Pulverholz abgibt, beschreibt das ags. Runenlied
auch deutlich genug:

> Eóh ist ein aussen unebner Baum,
> hart, im Boden fest, ein Hüter des Feurs,
> mit Wurzeln unterflochten, eine Wonne im Odel.

Gothisch lässt sich nun das Wort gar nicht anders darstellen als eivs (spr.
ívs) und dies oder eius ergibt sich nach den von Kirchhoff gefundnen Regeln
aus dem eyz der Salzburger Hs. auch als gothischer Runenname. Kirchhoff
S. 29, den Zusammenhang des Worts mit nord. Ẏr und ags. Eóh nicht ah-
nend, lässt sich dadurch irren dass in dem ulfilanischen Alfabet der Name
dem langen Ê beigelegt. Allein wenn ein mit Ê anlautender Runenname
fehlte, und die auf Ê anlautenden Wörter überhaupt bis auf ganz wenige
Ausnahmen sich auf EI, d. i. in ulfilanischer Schreibung lang Î, anlautende
reducieren, so war jener Name doch wohl richtig gewählt oder beibehalten. Auffallen kann es nur dass das alte Runalfabet zwei auf Î anlautende
Namen Eis und Eivs aufzuweisen hat. Allein da Eis der Name für das in
der ulfilanischen Orthographie stets kurze I, so könnte Eivs auch wohl
im Runalfabet Name eines kurzen E gewesen sein. Die Brechung oder
Trübung des I in E ist wahrscheinlich selbst im Munde der Gothen viel häu-
figer gewesen, als dies nach der strengen Regel des Ulfilas, der I nur vor
H und R in ai = ë ausweichen lässt, der Fall zu sein scheint. Wenigstens hatte die Brechung in den westlichern Dialecten schon einen viel grössern Umfang, wie dies unsichrer die von den Römern überlieferten Namen
(s. oben S. 339 über Veleda), mit voller Bestimmtheit die Inschrift auf dem
tonderschen Goldhorn erkennen lassen. Die Rune Ẏr ist nur durch Anfügung
eines Bogens oder zweier divergierender Schenkel an die untre Hälfte des
perpendiculären Strichs der Îsrune aus dieser differenziert. Ist sie das Zeichen für die getrübten Vocale überhaupt, goth. Eivs der Name für E, ags.

---

hân einen iwenbogen mit einer siden senwen cet. Ebendas. 3, 426 Büdinger Reichs-
walds Weisth. von 1380: auch sal he habin ein armbrost mit eim ibenbogen und
sin sûle ârnsboumen und die senwen siden cet. RA. 259. 260. — Mhd. ist iwinboga
anzusetzen, wie iwinboum Diut. 2, 274. Ueber diese Composition vgl. Gramm. 2, 647.

Eóh für EO d. i. die ags. Brechung von I und zugleich der Diphthong, der goth. und ahd. IU geschrieben wird, so gelangt man fast notwendig zu dem Schluss dass die Modification des I-zeichens ursprünglich auch nur die Modification des I-lauts bedeutete, dass aber den Namen Eibe das neue Zeichen nur erhielt wegen seiner bildlichen Aehnlichkeit mit Pfeil und Bogen. So sehen wir auch dass was das System der Vocalbezeichnung durch den Zutritt dieses Zeichens, das nach den frühern Bemerkungen überflüssig schien, an innrer Consequenz verliert, an äusserer dagegen gewinnt. Denn sowie die stummen Consonanten nur durch drei Paare vertreten sind, die Consonanten zusammen sechs Paare ausmachen, sowie endlich nach Liliencrons Beobachtung in der gewöhnlichen Ordnung der Runen paarweise die Namen zusammengehören, so finden wir auch in der Reihe der Vocale A U : I E nur dieselbe Regel der Zweitheilung.

Welchen Grund die andre herkömmliche Abtheilung des alten Alfabets in drei Gruppen von sechs und zweimal fünf Buchstaben habe, diese Frage zu beantworten liegt uns hier nicht ob; nur sei noch erwähnt dass Wilh. Grimm aus einer Sangaller Hs. altsächsiche alliterierende Versus memoriales mittheilte, die die Ordnung und Einrichtung einer solchen Dreitheilung angeben[1]), nicht aber wie Kirchhoff S. 28 meint[2]), die Runennamen erklären sollen. Die Dreitheilung hatte einen bestimmten practischen Zweck, aber war weder für den zauberhaften, noch für den divinatorischen Gebrauch der Runen von Bedeutung. Hat sich der Satz dass die Runen ihrer Natur nach Anlautzeichen waren durch die vorige Erörterung von neuem bewährt, so kann ihnen für ihre Anwendung bei der Loossung keine andre Geltung, als beim Zauber zugeschrieben werden. Zauberrunen empfiengen ihre Kraft durch den Spruch, der über sie gesprochen: man schnitt den mächtigsten Stab, den Anlaut des bedeutungsvollsten Worts aus dem stabreimenden Liede ein und in diesem ruhte nun die ganze Kraft des Segens oder Fluches, der im Liede ausgesprochen. Bei der Loossung war die Sache gewissermassen umgekehrt: hier sollte der Zufall die Stäbe geben eines von den Göttern im Gebet oder, wie es in der S. 41 angeführten Stelle heisst, „an der Kraft eines sorgvollen Liedes" erflehten Ausspruchs. Zunächst konnte man nun jede Rune als Anlautzeichen ihres eignen Namens nehmen, so dass dieser selbst den Ausspruch der Gottheit enthielt. Offenbar reichte diese Art der Entscheidung in den meisten Fällen, bei der gewöhnlichen Fragstellung auf Ja oder Nein aus, da wie Liliencron gezeigt, die Runennamen den Kreiss des alten Lebens vollständig genug umschreiben und je nach den Umständen Zeichen guter und übler Bedeutung ergaben. Wurden aber Runen gefunden die auf den besondern Fall

---

1) Lachmann über das Hildebrandsl. S. 129.

2) Hattemers Lesung hat geringen Werth gegenüber den Zeugnissen Massmanns und des Hrn. von Arx. Ôs ist himo oboro heisst: Ôs folgt auf Thurs, den vorhergehenden Buchstab; himo ist ei, Dativ von her, und oboro hier nicht superior, sondern ulterior.

keine Anwendung oder Deutung zuliessen, so trat eben die Regel ein, die Tacitus angibt: nulla de eadem re in eundem diem consultatio. Dass bei der Rune zunächst ihr Name in Betracht kam, lehrt wieder ihr Gebrauch beim Zauber. Musten Siegrunen S. 45 an drei Stellen des Schwerts einge-schnitten und zweimal dabei der Siegesgott Tŷr genannt werden, so kann man das nur so verstehen, dass mindestens zweimal die nach ihm benannte Rune T, das tîres tâcen, gloriae signum S. 36, vorkommen sollte. In glei-cher Weise sollte man Ale- oder Bierrunen S. 45 einritzen, um die Kraft eines Zaubertranks unschädlich zu machen, auf dem Horn, dem Rücken der Hand und auf dem Nagel die Nrune Nauđ d. i. Zwang. Wenn aber Skirnir S. 56 zuerst Thurs, das Zeichen des Riesen, in dessen Gewalt für immer er die Gerđr verflucht hat, einschneidet und dann noch drei Stäbe: ergi ok œđi ok óthola, Ohnmacht Wut und Ungeduld, so kamen Runen bei diesen drei nur als Reimstäbe, als Anlautzeichen überhaupt in Anwendung. Als solche er-gaben sie auch bei der Loossung eine zweite Möglichkeit der Deutung, wobei die Stellung der Frage stets der Willkür eine Schranke setzen mochte. Fan-den z. B. die Schweden S. 40 dass keiner der Götter ihnen beistehen wollte, so waren ihnen wohl alle die Runen entgangen, auf die die Namen der vor der Loossung von ihnen angerufnen Götter anlauteten. Eine dritte Art der Orakelfindung, die im Grunde freilich mit der ersten eins ist, lag endlich in der Verbindung der Runennamen und ihrer poetischen Synonyma zu Kenningar, worüber der vorletzte Abschnitt von Liliencrons Abhandlung handelt. Bei der Auslegung ist überhaupt in jedem Fall neben der materiellen Bedeut-samkeit der Zeichen der combinatorische Scharfsinn und die ganze augen-blickliche Situation und Stimmung des Fragenden in Anschlag zu bringen. In schwierigen Fällen wandte man sich an besonders kundige, weise Männer oder Frauen [1]). Ohne poetische Begabung und Thätigkeit ist Weissagung ein Unding. Wir haben freilich keine Beispiele poetisch gefasster Orakel, die aus

---

1) Als der Engel, heisst es im Cädmon 261. 262, in Belsazers Halle vorda gerŷnu, basve bôcstafas, der Worte Gerune, rothe Buchstaben an die Wand geschrieben, da konnten es runkundige Männer nicht auslegen, (ne mihton ârædan rûncräftige men engles ærendbêc d. i. litteras nuntiatorias, wo der Plural sehr beachtenswerth und alterthüm-lich, s. oben S. 32), und man sandte zu Daniel, thät he him bôcstafas ârædde and ârehte, hvät seó rûn bude, dass er ihnen die Buchstaben auslege und aus-einandersetze, was die Rune biete. Dieselbe merkwürdige Formel kehrt wieder Cädmon 250, 6 in Bezug auf Daniels Traumdeutung: âreccan hvät seó rûn bude. Lesen wir nun im alts. Heliand 1, 3 reckean that girûni und 48, 4 rihtian that gerûni und ebenso im ags.: Elen. 281. Andr. 419 reccan gerŷno, Cod. Exon. 5, 24 âreccan thät gerŷne, Cädmon 211, 12 rûn gerecnian, so muss die Formel nicht nur sehr alt sein, sondern sie kann auch ursprünglich nicht die abstracte Bedeutung gehabt haben, wie an diesen Stellen. Zumal da auch im nordischen, wie vorher im ags. ârædan neben âreccan, râđa vom Deuten der eigentlichen Runen gilt (Godrûnar Qv. II, 22. Rûnatalsth. 5. 7), darf man mit Sicherheit annehmen dass sie ehemals dieselbe Geltung hatte, und dürfen wir an die Stelle des abstracten girûni das concrete rûn setzen.

der Loossung gewonnen, wenn man nicht etwa noch in der oben S. 39 angeführten Stelle der Gautreks Saga Spuren eines solchen finden will; wohl aber gibt es Beispiele, dass eine Vala vom seidhiall, wie die Pythia vom Dreifuss, in Versen spricht. Thá varð henni lioð á munni, da ward (entstand) ihr ein Lied im Munde, heisst es dabei ganz formelhaft, Fornald. S. 1, 11. 2, 167; vgl. 2, 31 fg. Und wenn jedes Wort das Odinn sprach zu einem Verse ward, so musten auch seine, des Erfinders der Runen Aussprüche, die man durch Loossung fand, gestabt sein oder doch nach dem Prinzip des Stabreims gefunden werden. Eigentliche Orakel, wie die consulta und responsa der Veleda, die einer ihrer Verwandten, ut internuntius numinis, den Leuten von ihrem Thurme zutrug, können gar nicht anders als gestabt gedacht werden. Der Nachweis, den ich einmal in Haupts Zeitschrift 7, 527 gegeben, dass selbst in den wenigen von den Römern erhaltnen Namengruppen Spuren der Allitteration deutlich zu Tage liegen, hätte gar nicht nötig sein sollen; denn es bedarf nur einer Kenntnis der hoch - und niederdeutschen, altfriesischen, angelsächsischen und altnordischen Allitteration, um einzusehen dass diese Form und das ganze darauf beruhende System der Poetik so alt ist, wie unser Volk und unsre Sprache. Wenn unsre Untersuchungen aber eins bewiesen haben, so ist dies der innigste Zusammenhang der alten Schrift mit der Form der Poesie, — ein Resultat das übrigens für meinen Theil Heinrich Leo schon vor mehr als zehn Jahren beinahe ganz richtig vorausgesehen, da er in einem Aufsatz im Morgenblatt Dec. 1840 S. 1159 sagt:

„Diese Dichtungsgattungen (religiösjuristische, gestabte Formeln) sind uralt und werden zum Theil ausdrücklich von Tacitus und andern alten Schriftstellern erwähnt, zum Theil lässt sich auf ihr Dasein schon in jener Zeit aus abgerissenen Andeutungen schliessen. So wird, wer altdeutsche Bildung in ihrer Gesammtheit kennt und vor Augen hat, wenn er im zehnten Capitel der Germania die Beschreibung der Loosse liest, keinen Moment zweifelhaft sein, dass die preces und die interpretatio dessen, welcher die Loosse warf, in gestabten Worten statt hatten; ja, die Stabreime der interpretatio scheinen eben durch das Loos gesucht worden zu sein."

Karl Müllenhoff.

Verzeichniss

der Accessionen des Museums vaterländischer Alterthümer in Kiel für die Jahre 1850 und 1851.

A. Alterthümer.

Ein eiserner Siegelstempel vom Herzog Hans Adolph E(rbe) Z(u) N(orwegen) H(erzog) z(u) Sleswig Holstein, l. 3″. — Ein ähnlicher Stempel ohne Stiel, im Durchmesser 2″ 8‴: D. G. Joh. Adolf. H. N. Dux. Sles. Et. Hols. S. E. D. C. J. O. E. D. — Beide wurden gefunden im Schutt beim Plöner Schloss. (Gekauft.)

Abdruck eines Siegels aus 15. Jahrh.: Sigillum Mirkesherde. — Geschenk des Herrn stud. theol. W. Henningsen aus Preetz.

Ein vierseitig geschliffener, schmutzigweisser Flintsteinkeil l. 7½″, br. 2½″, d. 1″ 3‴; an der Schneide gut, am andern Ende zerbrochen. — Geschenkt vom Boten Hermann Gottschalk.

Fünf Abdrücke von im königlichen Museum in Berlin befindlichen Elfenbeinplatten: 1) Verkündigung Mariae? 2) Christus am Kreuz; 3) die zwölf Apostel; 4) Himmelfahrt Christi mit Maria und den zwölf Aposteln; 5) zwei Apostel? unter dem Zeichen des Krebses und der Wage. — Geschenk des Herrn von Olfers, Generaldirectors der königl. Museen.

Bei den Schanzarbeiten am Oldenburger Wall, einer schon früher ergibigen Fundstätte (Erster Bericht etc. 1836. S. 32 ffg.), wurden im Herbst 1850 folgende Sachen gefunden und durch den Lieutenant Petersen abgeliefert, zugleich mit dem Versprechen eine nähre Nachricht über die Art der Auffindung nachzuliefern: Ein Schädel mit vollständigem Gebiss. — Vier Stücke von andern Schädeln. — Ein Beinknochen. — Fünf geglättete Knochen (isländ. Îsleggir?) — Acht Eberhauer. — Eine Rehkrone. — Ein Knochen mit durchgebohrtem Loch. — 13 zugespitzte Knochen, mit abgerundeter oder abgebrochner Krone. — Ein spitzer Zahn. — 18 sogenannte Schreibfedern, die Knochen mit vollständiger Krone. — 10 sog. Schreibfedern mit eingekerbter Krone. — 4 Nadeln von Horn. — 2 Pfrieme, abgebrochen. — 8 (Schafs-?) Knochen oben und unten eingekerbt. — Ein Scherbe, roth, verziert. — 2 schwarzgraue do. ebenfalls verziert. — 37 Scherben von verschiednen Gefässen. — 5 Wirtel, darunter einer von Kalk. — Eine kleine steinerne Kugel. — Ein heller Flintsteinkeil, l. 6″, br. 1″ 2‴ — 2″ 2‴, d. 8‴. — Zwei sog. Probiersteine, einer mit Oese. — Drei eiserne Sporen ohne Rad, mit Stachel. — Ein eiserner Schlüssel. — Eine Messerklinge. — 2 Fragmente einer Bronzeplatte oder Schale. — Fragm. eines Lübecker Achtschillingsstücks. — Alte Kupfermünze, von der Grösse eines Groschens, stark oxydirt. —

Zwei Abdrücke eines alten Siegels aus dem 15 Jahrh. mit einer Hausmarke und der Inschrift: S. Hans Grevenkop. — Fragment eines grossen Feuersteinsplitters; ein graues Flintsteinmesser mit vierkantigen Griff und lanzenförmiger Klinge, l. 7″; 2 Fragmente einer schönen, schwarzen Flintsteinspeerklinge; gefunden in einem abgetragenen Hügel bei Linden in der Nähe von Heide. — Geschenke des Herrn Lieutenant Petersen.

Gipsabguss eines in Ditmarschen gefundenen Trinkhorns aus dem 16 Jahrh., im Besitz des Herrn Stamer in Heide.

Aus dem Nachlass des Herrn Pastor Dr. Jensen in Boren wurden im Ganzen 86, bis auf einen bronzenen Paalstab (l. 7¹/₂″), sämmtlich dem Steinalter angehörende und in Angeln gefundne Stücke angekauft: Axt mit nur auf einer Seite angebohrtem Schaftloch l. 9″. — do. l. 7″. — Fragm. einer beim einseitigen Bohren zerbrochnen Axt l. 4¹/₂″. — Axt l. 10″ — Eine do. l. 10¹/₂″. — Hammer l. 5¹/₂″. — Ein do. bootförmig und mit gewulstetem Loch l. 7″. — Ein do. l. 6″. — Ein do. l. 5¹/₂″. — Keil von Granit l. 7″ 4‴. — Hammer an einer Seite angebohrt l. 5″ 9‴. — Doppelaxt mit gewulstetem Loch l. 7″. — Axt l. 6″ 4‴. — Doppelaxt l. 5″ 8‴. — Ein zu einem Hammer zugehauener Stein l. 4″. — Hammer herzförmig l. 4″ 2‴. — Axt l. 6″. — Fragment eines im Loch noch nicht ebenmässig ausgeschliffnen Hammers l. 5″. — Hammer l. 4¹/₂″. — Zwei Weberschiffchen weiss l. 3¹/₂; schwarz l. 4¹/₂″. — Doppelaxt l. 5″ 3‴. — Keil von Granit mit einem noch nicht ganz glatt ausgeschliffnen Loch l. 5″. — Hammer l. 5″ 4‴. — Fragm. eines im Loch abgebrochnen Hammers. — Hammer herzförmig l. 2″ 9‴. — 5 vierseitig geschliffne Keile von 4—6¹/₂″ Länge und ein Fragm. eines solchen l. 5″ 4‴. — 15 zweiseitig geschliffne Keile. — 6 bloss zugehauene Keile. — Eine vierseitig geschliffne Hohlaxt l. 7″ 4‴. — 5 zweiseitig geschliffne Hohläxte. — Eine nur an der Schneide geschliffne Hohlaxt. — 3 zugehauene Hohläxte der seltnern Form l. 6″—6″ 9‴. — Ein zerbrochnes Messer l. 7¹/₂″. — Gezahnte Speerspitze, Fragm. (das vierte Exemplar dieser Art in unsrer Samlung). — 9 Messer und Lanzenspitzen, darunter 2 Fragm. — 6 Feuersteinsplitter, darunter ein pfeilförmig zugespitzter. — Ein Wirtel. — Ein Schabmesser (Halbmond) l. 3¹/₂″. — 2 Schmalmeisel. —

Sechs Fragmente und Splitter von braunrothem Feuerstein, aus dem hiesigen mineralogischen Cabinet von Prof. Karsten abgeliefert.

Ein kurzes Bronzeschwert, ein Sachs, l. 11″; der guterhaltene, gediegene Griff misst 5″; die Klinge ist stark zerbröckelt; nebst einigen Urnenscherben geschenkt von Hrn. stud. ph. Wilh. Mannhard aus Friedrichstadt, jetzt in Berlin.

Die in frühern Berichten mehrfach erwähnte, durch vortreffliche Stücke, Urnen, Bronzen und Steinsachen ausgezeichnete Samlung des verstorbnen Drechslers Ballie in Bordesholm, im Ganzen 224 Nummern, wurde zu Anfang 1851 angekauft. Eine nähere Beschreibung müssen wir aussetzen, bis uns die in frühern Jahren an die Gesellschaft für nordische Alterthumskunde in Kopenhagen eingesandten Abbildungen der wichtigern Stücke einzusehen gestattet ist, auf die sich die handschriftlichen Notizen des ehemaligen Besitzers beziehen, die allein über die Auffindung einige Auskunft geben.

B. Münzen.

Ein sog. Rüter von Christian IV. — Eine kleine, nur 4 Linien im Durchmesser grosse Münze: Gekröntes weibliches Brustbild Louis. D. G. Reg. Dan. Nov. V. Goth. — Rev. Strahlende Sonne. L'incomparable. — Geschenk des Auditeur Eduard Müllenhoff.

Sechs Silbermünzen, dicht bei Propsteier Hagen beim Wegebau gefunden, geschenkt vom Hrn. Schullehrer Jensen in Schönberg.

Fünf Görtzische Münzzeichen (abgebildet im Leben Carls XII. II, p. 567. 635, und besprochen ebendas. p. 577; eine elfte erwähnt im Mohrschen Catalog p. 294. Nr. 4731; vgl. Funfzehnten Bericht 1850 p. 65): 1) Krone 1715; 2) wett och Wapen. Mars 1717; 3) Saturnus 1718; 4) Mercurius 1718; 5) Flink och Färdig, Mars mit einem schreitenden Löwen 1718. — Rev. 1 Daler S. M. — Geschenkt vom Herrn Dr. Klander in Plön.

Ein Utrechter Goldgulden (³/₄ Duc. 12 As): Bild des Heiligen S. Johannes Baptista; Rv. Dns. Frederic'. Epc. Traiectens'; in der Mitte 5 Wappenschilde. — 28 Silber- und 50 Kupfermünzen. — Aus dem Ballieschen Nachlass angekauft.

C. Bücher.

Verhandlungen des histor. Vereins von Oberpfalz und Regensburg. Bd. XIII. (oder Bd. V. neue Folge) mit 6 lithogr. Tafeln. Regensb. 1849.
Dreizehnter Bericht des histor. Vereins zu Bamberg. Bamberg 1850.

Quellensammlung für fränk. Gesch. hrsg. vom histor. Verein zu Bamberg. Zweiter Band. Das kaiserliche Buch des Markgrafen Albrecht Achilles hrsg. von Höfler. Bayreuth 1850.

Archiv für hess. Geschichte und Alterthumskunde hersg. von Baur. Bd. 6, Heft 2. 3. Darmstadt 1850. 1851.

Periodische Blätter der beiden histor. Vereine des Grossherz. u. Kurfürstenth. Hessen. Nr. 15—23.

Günthers Register zu den fünf ersten Bänden des Archivs für hess. Gesch. und Alterthumsk. Darmstadt 1850.

Neues Lausitzisches Magazin, besorgt von Dr. Jancke. Bd. 25, 2. 26, 2. 3. 4. Görlitz 1849.

Achtzehnter Jahresbericht des histor. Vereins in Mittelfranken. Ansbach 1849. 4to. — Neunzehnter Jahresb. etc. Ansbach 1850.

Zeitschrift des Vereins für hess. Gesch. und Landeskunde. Bd. V. Heft 3. 4. Kassel 1850. Bd. VI, 1. Kassel 1851. Viertes Supplement enthaltend: Beiträge zur Gesch. und Statistik des hess. Schulwesens im 17 Jahrhundert von Heinr. Heppe. Kassel 1850.

Landau Beschreibung der wüsten Ortschaften im Kurfürstenthum Hessen. Heft 2. 3. Kassel 1849. 1851.

Zwei - drei - und vierundzwanzigster Jahresbericht des voigtländischen alterthumsforschenden Vereins hrsg. von Friedr. Alberti. Gera (1850).

Archiv für Gesch. und Alterthumskunde von Oberfranken hrsg. von E. C. v. Hagen. Bd. IV, 3. Bayreuth 1850. Bd. V, 1. Bayreuth 1851.

Urkundenbuch des Klosters Arnsburg. Hrsg. von Baur. Heft 2. 3. Darmstadt 1850. 1851.

E. F. Mooyer Ueber die angebliche Abstammung des normannischen Königsgeschl. Siciliens von den Herzögen der Normandie. Minden 1850. 4to.

Oken über die Bestimmung der Streitäxte. (: Paalstäbe, Celte) Aus der Isis.

Mittheilungen der Geschichts - und Alterthumforschenden Gesellschaft des Osterlandes in Altenburg. Bd. 3, Heft 2. 3. Altenburg 1850. — Nebst mehrern Beilagen und gefälligen Mittheilungen des Hrn. Präsidenten Back.

Archiv des histor. Vereins für Niedersachsen. Neue Folge. Jahrgang 1848. 2tes Doppelheft. Hannover 1850. Nebst Dreizehnter Nachricht etc. Hannover 1850.

Archiv des histor. Vereins für Unterfranken und Aschaffenburg. Bd. XI, 1. 2. 3. Würzburg 1850. 1851.

Lisch Jahrbücher des Vereins für mcklenburgische Gesch. und Alterthumsk. 15ter Jahrg. Schwerin 1850. Nebst Quartalberichten XV, 2. 3. 4.

Lisch Graf Heinrich 24 Reuss zu Köstritz und Herzog Carl Leopold von Meklenburg-Schwerin. Schwerin 1849. 4to.

Combinierter Jahresbericht des histor. Kreisvereins für Schwaben und Neuburg. 1849 und 1850. Augsburg 1851. 4to.

Mittheilungen der Zürcherischen Gesellschaft für vaterl. Alterthümer. XIV. 1850. XV. 1851. 4to.

Jahreshefte des Würtembergischen Alterthumsvereins. Fünftes Heft, Stuttgart 1848. Grossfolio. Taf. 16 — 20. — Schriften des Württembergischen Alterthumsvereins. Erstes Heft. 1850. — Vierter Rechenschaftsbericht für 1848. 1849. 4to.

Wilhelms Dreizehnter Jahresbericht der Sinsheimer Gesellschaft. Sinsheim 1851.

Wetzlarsche Beiträge hersg. von Dr. Paul Wigand. Bd. 3, 3. Giessen 1851.

Annalen des Vereins für Nassauische Alterthumskunde und Geschichtsforschung. Bd. IV, 1. mit drei Tafeln. Wiesbaden 1850.

P. Hermann Bär Geschichte der Abtei Eberbach, bearbeitet von F. G. Habel. Mit lithogr. Abbild. Wiesbaden 1851.

Regesten zur Landes- und Orts-Geschichte des Grossherz. Hessen von Dr. H. E. Scriba. Dritte Abtheilung: Rheinhessen. Darmstadt 1851. 4to.

Schierns Auswanderung der Normannen aus der Normandie nach Italien. Aus dem Dän. übers. von E. F. Mooyer. Minden 1851. 4to.

Abhandlungen der Naturforschenden Gesellschaft zu Görlitz. Bd. VI, 1. Görlitz 1851.

Die Burg Tannenberg und ihre Ausgrabungen von Dr. J. v. Hefner und Dr. J. W. Wolf. (mit XII Kupfertaf.) Frankfurt a. M. 1850. 4to. (Gekauft.)

Die Gräber der Liven. Von Joh. K. Bähr. Nebst 21 lithogr. Tafeln. Dresden 1850. 4to. (Gekauft.)

19,50